W0223527

braumüller

NORBERT PHILIPP

Das Cottage in Wien

braumüller

Inhalt

DIE BOMBE.
Der Wienerwald-Schöffel.

Früher war alles anders

Und heute ist es nicht anders als früher. Der Bogen, den dieses Buch schlägt, führt mehr als 150 Jahre zurück. In eine Ära, die sich als „Gründerzeit“ tief in die Biografie Wiens eingekerbt hat. Manches Kapitel, das das Buch aufschlägt, hätte man in einer Zeitung von heute genauso gut aufblättern können. Etwa: Wien demoliert sich selbst. Aber keine Sorge: nur, um sich wieder neu aufzubauen. Nur anders eben. In der Gründerzeit blieb kaum ein Stein auf dem anderen. Und vieles, was der Stadt aus dieser Phase stadtmorphologisch und architektonisch erhalten blieb, schätzen die Wiener heute noch mehr als in jener Zeit, in der es geschaffen wurde. In der neuen Gründerzeit, die Wien schon seit vielen Jahren durchläuft, ist die Dynamik kaum anders. Nur dass jene Teile Wiens, die davon in 150 Jahren noch übrig sein werden, kaum jemals so begehrt sein werden. Wenn das Wien von 2022 bis dahin überhaupt noch steht.

Wien wächst und ächzt. Fast wie vor 150 Jahren. Der Immobilienmarkt setzt die Stadt unter Druck. Die Investoren und Spekulanten sind die Städtebauer, die die Stadt und ihr architektonisches Bild am meisten prägen. Und das Wachstum in Rendite umschlagen. Mieten und Immobilienpreise steigen Anfang 2022 noch immer, da konnte eine Pandemie gar nicht wesentlich dazwischengrätschen. Und 1872, als das Projekt „Cottage-Viertel“ formell an den Start ging, durch die Gründung des Wiener Cottage Vereins, war es ähnlich. Nur dass die Stadt damals kein Konzept kannte, das heute „Soziales Wohnen“ heißt und wofür Wien im 21. Jahrhundert als Vorzeigemodell von einem Symposium zum anderen herumgereicht wird. Auf die Mietpreisspirale hatte die Stadt in der Hochgründerzeit noch keine Antwort. Deswegen befanden ein paar ambitionierte und engagierte Menschen in einem Verein vor mehr als 150 Jahren: Es ist Zeit, die Antwort selbst zu geben. Vor allem da sie die Architektur nicht so recht formulieren konnte. Scheinbar. Und auch dieser Prozess begann mit langen Phasen, in denen man überhaupt erst einmal versuchte, die richtigen Fragen zu stellen. Etwa: Wie wollen wir oder wie sollen wir überhaupt wohnen? Und was könnte denn „Wohnen" bedeuten außer dem zweckbefreiten Aufenthalt in einem Raum, bis die Arbeit wieder ruft. Und diese rief ziemlich oft und beharrlich in den Tagen jener Ära, die man heute Gründerzeit nennt.

Das „Cottage" in Wien war ein Vorschlag, das Wohnen neu zu denken. Und gleichzeitig auch die Beziehung zwischen dem Haus und der Familie, die es bewohnt, neu auszubalancieren. Und am besten das Verhältnis zur Nachbarschaft gleich mit. In einer Ära, in der das „Neue" gar nicht die beste Ausgangsposition hatte, vor allem nicht architektonisch. Denn wenn alles Vertraute im wilden Wandel bröckelt, dann hält man sich lieber an andere Anker: Im Wandel des 19. Jahrhunderts war das auch so ähnlich wie heute. Die Verlässlichkeiten liegen in den Formen und Möglichkeiten, die man schon kennt. Das „Neu-Erfinden" hatte damals in der Gestaltung nicht seine beste Phase. Dafür war wahrscheinlich rundherum – technologisch, industriell, ökonomisch – alles andere zu schnell zu neu geworden. Man hielt sich an jene Vorlagen, die die Kunst- und Architekturgeschichte längst brav in die Schubladen eingeordnet hatte. Man lieh, kopierte, imitierte und kupferte ab. So hielt sich der neue Palast oft an den Palazzo der Renaissance. Und die Architektur überhaupt gerne an die Vergangenheit. Wien orientierte sich an Paris. Und die Bürger an der baulichen Attitüde, die sie von den Adeligen so gut kannten. Zumindest in der Gestaltung lag die Gegenwart damals weit verstreut in anderen Zeiten. Oder gar in anderen Ländern.

Der „Wiener Cottage Verein" berief sich schon in seinem Namen auf eine ganz bestimmte Vorlage. Sie war geborgt in England mitsamt dem Wort, das es bezeichnet: ein englisches Landhaus, das man in einen urbanen Kontext versetzen wollte, noch dazu in eine Stadt, die das Konzept des „frei stehenden Hauses" so auch noch nicht gekannt hatte. Wien hatte Kirchen, architektonische Prunkstücke, Paläste. Aber Häuser wie diese, hatte Wien noch nicht. Das Projekt des „Wiener Cottage Vereins" wurde zur Modellsiedlung. Das Engagement eines Vereins setzte diese Vorlage in eine Landschaft, die dadurch zum ersten Mal als „suburbaner Raum" qualifiziert wurde. Dort war die Stadt nicht mehr so sehr „Stadt", wie man sie bislang kannte. Und auch noch nicht so sehr „Land", wie man es sich sonst vorgestellt hätte. Ein Siedlungsraum mit städtischen und ländlichen Qualitäten. Eine Gegend, die Stadt und Land war und keines von beiden zugleich.

Im heutigen 18. Bezirk hat sich in der Gegend, die schon damals auf Karten mit „Türkenschanze" bezeichnet worden war, durch das Engagement des „Wiener Cottage Vereins" eine Idee festgesetzt. Im Jahr 2022 wird der Verein 150 Jahre alt. Die Idee, die ihm zugrunde liegt und heute untrennbar Teil der Geschichte Wiens ist, ist noch älter. Und sie dauert an. Selbst wenn sie sich schließlich in vielerlei Hinsicht ganz anders entwickelt hat, als sich das die Gründer des Vereins vielleicht jemals ausgemalt hätten. Doch dass die Idee überhaupt in der Gegenwart Wiens angekommen ist, gemeinsam mit den Qualitäten im Stadtraum und -bild, die sie produziert hat, verdankt sich dem „Wiener Cottage Verein". Sein Engagement, seine Beharrlichkeit und sein Vertrauen in die Ursprungsidee haben vieles von den städtebaulichen und architektonischen Qualitäten ins Heute getragen. Auch wenn dazwischen Bomben, düstere Zeiten, Ignoranz und Spekulantentum stark an dem Viertel gezerrt und gerüttelt haben.

Neue Zeiten, neues Wohnen

Eine Idee, geborgt und gleich phonetisch „verwienert". Das war auch schon den „Bastionen" aus Italien so ergangen, als sie zu den „Basteien" wurden. Diesmal war das „Cottage" dran. Und ein Schritt zum Wiener Wortgut führte über das Französische, oder in diesem Fall, das Pseudo-Französische: Deshalb klang es dann an manchen Stellen und in manchen Milieus bis in die Gegenwart nach „Koteesch", wenn jemand über die Gegend sprach, in der sich Wiens erste Villenkolonie erfolgreich etablierte. In einer Ära, in der Straßen oft mit „Avenue" und „Boulevard" geadelt und Gehsteige zu „Trottoirs" gerieten, konnte die Zukunft der Stadt gar nicht französisch genug sein. Justament an dieser Stelle der Geschichte beginnt auch die Erzählung dieser englischen Idee in Wien. Und dabei traut man sich ja gar nicht anzusetzen, ohne dieses berühmteste aller Handschreiben zu erwähnen. Ein Stück Papier, das man wohl hinter Panzerglas noch heute in Wien ausgestellt hätte, wenn es nicht beim Brand des Justizpalastes im Jahr 1927 verbrannt wäre.

Denn Städtebau im 19. Jahrhundert funktionierte landläufig noch nach einem Standardmuster: Ein Mann, ein Wille und der geschah. Tatsächlich, so fing es an: „Es ist mein Wille", waren die Worte, die von Kaiser Franz Joseph fast so geläufig sind wie „Es war sehr schön, es hat mich sehr gefreut". Ganz so floskelhaft und harmlos wie Zweiteres war die Willensbekundung allerdings nicht: Schließlich brachte sie etwas Gewaltiges in Gang, nämlich den Generalumbau der Reichshauptstadt. Wien wurde erst zu Wien in jenen Tagen. Durch den Abbruch der Stadtbasteien. Durch den Willen des Kaisers, die Stadt „groß" und als „Weltstadt" zu denken. Der Umbruch war radikal. Die architektonischen Ideen dagegen waren es nicht. Ja, einen Boulevard wie diesen, die Ringstraße, hatten die Wiener und auch Europa trotzdem noch nicht gesehen. Doch außer prunken, glänzen, imponieren und dick auftragen, war der Architektur an jener Stelle jedoch nicht viel eingefallen. Trotz immenser Expertise, die sich da über Jahrhunderte angehäuft hatte und innovativer Bautechnologien, die im Werkzeugkasten nur darauf warteten, endlich gezückt zu werden.

Ein halbes Jahrhundert lang geriet Wien zur Großbaustelle. Die Stadt quoll über. Und nicht nur von Wienern, die gerade erst zu Wienern wurden. Sondern auch von allem, was diese sonst noch so produzierten: angefangen bei Staub, Dreck und Gestank.

Alles, was Menschen brauchen, um gesund zu leben, war vor lauter Stadtwachstum dagegen knapp geworden: Licht, Luft, Platz. Und vor allem auch: Natur. Die einen wohnten im Luxus. Für die meisten anderen war Wohnen zum Luxus geraten. Vor lauter Übergröße, Superlativ und Welt, Welt, Welt in Begriffen, wie „Weltwirtschaft“ und „Weltausstellung“, auf die alle noch Anfang der 1870er-Jahre hinfieberten, bevor sie die Cholera tatsächlich erwischte, war eines aus dem Fokus geraten: die Welt, in der man tatsächlich lebt. Und die besteht für viele aus einer kleinen Gruppe von Menschen, in die man hineingeboren wird und die sich Familie nennt. Diese musste sich schon vornehmlich um sich selbst kümmern. Zuallererst um die Räume, in denen sie leben wollte. Denn so etwas wie soziale Agenden hatten sich auch die berühmtesten Architekten jener Zeit noch nicht auf die To-do-Liste geschrieben. Auf dieser standen meistens ganz andere Dinge, künstliche Bedürfnisse etwa wie jenes nach Repräsentation.

Doch einer der maßgeblichsten Gestalter jener Epoche, Heinrich Ferstel, definierte seinen Tellerrand nicht mit der Ringstraße, entlang welcher er auch emsig baute. Er machte sich Gedanken über das Haus als „Haus“, als schützende Blase der wesentlichen gesellschaftlichen Kernzelle, eben der Familie. Die Ideen, die er dazu gemeinsam mit seinem

Freund Rudolf Eitelberger, dem Kunsthistoriker, Professor an der Akademie der bildenden Künste, dazu niederschrieb, waren die Grundlage, auf die sich der Cottage Verein bei seiner Gründung berief. Und diese passierte im März 1872. Da war das „Museum für Kunst und Industrie", das Ferstel so imposant an den Ring gestellt hatte, gerade erst einmal fünf Monate fertig. Sein Co-Autor Eitelberger wurde hier erster Direktor.

Wohnqualitäten, die nicht altern

Zwischen Türkenschanze und Gürtelstraße formierte sich eine alternative Idee vom „idealen Wien". „Ideal" vor allem für Menschen, die nicht so sehr begünstigt vom Kapitalismus und ererbten Adel waren wie jene, die sich entlang des Rings baulich austobten. Die Idee nahm nicht nur konzeptiv eine Abzweigung vom Mainstream. Auch geografisch keimte sie auf einem Nebenschauplatz jener Tage des Umbruchs. Er lag sogar außerhalb der Stadt. In einer Gegend, die erst Jahrzehnte später auch offiziell und administrativ zu Wien gehören sollte. Dort steigen im Westen die Hänge sanft zum Wienerwald hinauf. Und dorthin hat der Wiener Cottage Verein ein paar grundlegende Prinzipien getragen: Dass Wohnen keine Ware sein darf etwa. Und dass Häuser für Menschen gebaut werden sollen, nicht für Renditen. Ein paar gerade Straßen genügten, um ein fruchtbares Experimentierfeld aufzuspannen. Hier sollte sich zeigen, dass man „große Ideen" nicht an der Größe der Häuser ablesen muss. Leistbar sollte der Wohnraum sein. Und umgeben von Gärten und Luft. Als „Cottages" nahmen die ersten Häuser Aufstellung. Doch „Villen" hießen sie bald und für einige war selbst dieser Begriff irgendwann eher ein Euphemismus: Denn hier entstanden Miniaturburgen ebenso wie so manches Schlösschen im Familienformat. Alles, was die Fantasie der inzwischen wohlhabenden Bauherren und das Stilvokabular der Architekten hergab: Das Cottage in Wien wurde der Topf, in dem sich alles vermengte.

Doch 150 Jahre Stadtentwicklung und Immobilienwirtschaft ließen vom Merkmal „leistbar" schließlich nicht viel übrig. Heute ist die Gegend eine der teuersten und attraktivsten Wohnviertel Wiens. Es scheint, als hätten sich die ambitionierten Gründer des Vereins beinahe zu gut eingefühlt in die Bedürfnisse der Menschen. Die Qualitäten, die sie schufen – zu schnell gerieten sie zu wertvoll in einer dichten, staubigen, lauten und stressigen Stadt. Dadurch wurden sie unerschwinglich für den Großteil der Bevölkerung. Profitiert haben schlussendlich dann doch alle: Viele der Werte, die sich im Cottage-Viertel als Erstes in seiner Ursprungsidee verdichtet hatten, sind auch an anderer Stelle eingesickert. In der Vorstellung einer lebenswerten Stadt etwa. Allein das Merkmal „grün", ein Wesenszug des Viertels, hat anschließend tief im städtebaulichen Genpool Wiens Wurzeln geschlagen – der „Grüngürtel" etwa rund um die Stadt wurde von Bürgermeister Karl Lueger 1905 festgeschrieben.

So wie das Cottage-Viertel in Währing selbst Modellen folgte, war es auch Vorlage für viele andere Viertel in Wien: Nicht nur für Hietzing, Penzing und Hetzendorf. Die Cottage-Idee wirkte weit in die Stadt hinein und in den städtebaulichen Diskurs. Es bestimmte das Bild, das man sich noch heute von Lebensqualität und von einem Wohnideal macht. Am intensivsten und unmittelbarsten wirkt die Idee aber nach wie vor im Cottage selbst. Wenn man es durchstreift, dann spürt man, wie viel sich noch erhalten hat von dem Anspruch an Luft, Raum, Frische und Ruhe. Obwohl der Wandel natürlich auch diesen Hang im westlichen Wien hinaufgebrandet ist. Schon ziemlich viele massive Kubaturen kreisen das Viertel heute ein oder haben sich mitunter direkt ins Ensemble der

Häuser gemischt. Auch einiges an kulturell-architektonischen Werten wurde durch Ignoranz und Geringschätzung aus dem Stadtbild gelöscht. Doch der Wiener Cottage Verein setzt sich auch 150 Jahre nach seiner Gründung noch dafür ein, die Ursprungsidee zu pflegen. Und dadurch die Qualitäten zu erhalten – die ästhetischen, atmosphärischen und jene, die in Immobilienprospekten als „lebenswert" apostrophiert werden würden. Diese Qualitäten sind Wien und Währing nicht in den Schoß gefallen. Sie wurden mit Beharrlichkeit und Eigeninitiative erkämpft. Und gleichzeitig sind sie die Konsequenz einer Überzeugung: Dass man mehr Lebensqualität für alle erreicht, wenn man sich gemeinsam um sie kümmert. Und in diesem Sinne ist der „Wiener Cottage Verein" noch heute viel mehr als die ästhetische Interessensvertretung einer der beliebtesten Wohnviertel Wiens.

1

Wien, wie es baut, staubt und stinkt

Da mag ein Haus noch so „frei" stehen wie die Villen in Währing, ganz unberührt von allem, was drumherum geschieht, steht es trotzdem nie. Auch über die Gegend, die heute das „Cottage" ist, wehte viel mehr als jene verlässliche Brise vom Kahlenberg, die zeitgenössische Beschreibungen stets erwähnt haben. Die Platanen hatten 150 Jahre Zeit, den Häusern im Viertel über den Kopf zu wachsen, sich schützend vor sie zu stellen wie die gusseisernen Zäune, die die Gärten einfrieden. Der Wandel rauschte trotzdem ein. Und Wandel war es auch, der aus einer Gegend voller Klee, Wein und Schotter ein Villenviertel machte. Obwohl Wien ziemlich viel vorhatte im 19. Jahrhundert, eine Villenkolonie gehörte nicht dazu. Diese Agenda übernahm der engagierte Verein, der sich im März 1872 als „Wiener Cottage Verein" gründete. Zu einem Zeitpunkt, an dem das Wort „Börsenkrach" noch nie ausgesprochen worden war. Und als man noch kollektiv der Weltausstellung entgegenfieberte. Bislang hatte sie nur in Paris oder London stattgefunden. Da sollte also noch genügend Platz sein für Wien, um sich auf eine Stufe mit den „Weltstädten" zu stellen.

1873 war dann Wien an der Reihe. Längst war nicht alles fertiggestellt, mit dem sich die Stadt vorgenommen hatte zu protzen. Angeleiert, initiiert und geplant war dagegen vieles, was heute noch ikonisch für die Stadt steht. Der letzte große Bahnhof der Stadt, der Nordwestbahnhof, erhielt gerade seinen Schlussstein. Der Linienwall, der Wien umspannte, wurde zur Gürtelstraße. Und nicht weit davon, nur ein paar hundert Meter die Anhöhe Richtung Türkenschanze hinauf, fuhren die Spaten in die frisch parzellierte Erde. In einer Gegend, die sich nicht allzu viel drum kümmerte, wie sich Wien ein paar Kilometer stadteinwärts als Weltstadt gebärdete. Denn dorthin sollten all die baulichen Bemühungen münden. Doch viel zu spät hatte man sich auf den Weg gemacht, um in einer Reihe mit Paris und London zu stehen. Viel zu lange hatte man sich unnötig einschnüren lassen von einem ganz bestimmten Bauwerk: der Wiener Stadtbefestigung. Türken und Franzosen hatten sie zwar schon ein wenig perforiert über die Jahrhunderte, aber noch immer stand sie eher der Stadt selbst als fremden Heeren im Weg. Der Kaiser musste es also doch wieder selbst erledigen. Zumindest die Anordnung ausformulieren, per Handschreiben, damit Wien auch so etwas wie Weltstadt werden konnte. In kaiserlichen Worten klang damals alles stets überaus bedeutsam und wichtig, das Schwurbeln war Teil des Codes, doch für Wien war die Anweisung tatsächlich die wichtigste seit Langem – wahrscheinlich seitdem die Babenberger 800 Jahre davor beschlossen hatten, Wien überhaupt zu ihrer Hauptstadt zu machen.

Jedenfalls habe es doch bitte jetzt endlich zu geschehen: Die Stadtmauern mussten weg. Alle waren sich darin einig, vom Kaiser abwärts. Sogar die Militärs hatten es eingesehen. Der Wachstumsschub war zu stark. Aus allen Kronländern waren die Menschen gekommen. Sie kamen, ohne dass man sie lockte. Sie blieben, ohne dass man sie dazu überreden musste. Die Stadt, die Hauptstadt eines Kaiserreichs, war Verheißung genug. So wartete Wien nur darauf, endlich herausplatzen zu können aus seiner Umklammerung. Die zum Projekt passende architektonische Attitüde war jedenfalls auch schnell gefunden: Der Kaiser wünschte sich eine ringförmige „Via Triumphalis" statt dem steinernen Ring. Sollte er haben.

Mit dem Abbruch begann der Umbruch: So was hatte die Stadt noch nie gesehen. Dass die Basteien fielen, war für Wien das entscheidenste Ereignis von allen, in einem Jahrhundert, das schon ziemlich voll war von entscheidenden Ereignissen. Friedlich war die Befestigungsanlage ihrer Nutzlosigkeit entgegengealtert. Verteidigt hatte sie schon länger nichts mehr. Die letzten, die sich auch nicht aufhalten ließen, waren wohl die französischen Truppen. Im Jahr 1809 hatten sie vom Spittelberg aus noch die Innenstadt bombardiert, während sich Napoleon im Schloss Schönbrunn einquartiert hatte. Kurz vor ihrem Abzug sprengten sie Stücke aus der Burg- und auch der Mölkerbastei heraus. Eine unfreundliche Geste, die die Zukunft der Stadt trotzdem ein wenig symbolhaft vorweggenommen hatte.

Lang genug war die Stadt von der Befestigungsanlage eingeschnürt gewesen. Vorstadt und Stadt lagen deshalb auch noch im 19. Jahrhundert irgendwie unbeteiligt nebeneinander. Und gerade die Vorstädte mussten sich nach jeder militärischen Bedrohung, die da anrückte, mühsam wieder aufrappeln. Kaum waren die Türken wieder weg, hieß es: Wiederaufbau. Endlich schien es, als könnten die Vorstädte über ihren ehemaligen Zustand hinauswachsen. Ein militärischer Anachronismus waren die Stadtmauern ohnehin. Städte baute man längst anders. Denn das Revolutionsjahr 1848 hatte gezeigt: Der Feind musste nicht unbedingt von außen kommen. Ein breiter, langer Boulevard, das hieß nicht nur Glanz und Gloria, sondern konnte auch bedeuten: freie Schussbahn. Paris machte es wie so oft vor. Und Wien machte es wie so oft nach. Im Vergleich zur französischen Hauptstadt war Wien vor der Gründerzeit allerdings noch ein ziemlicher Zwerg. Besucher, die zuvor

Paris gesehen hatten, standen erstaunt vor Wien und konnten es kaum glauben, dass die paar Häuser die Hauptstadt eines Riesenreichs sein sollten. So erstaunlich kleingehalten und eingezwängt war sie durch die Stadtmauern. Diese hatten ihren ursprünglichen Zweck ohnehin anständig erledigt. Nach der ersten Türkenbelagerung waren sie verstärkt worden, bei der zweiten wären sie trotzdem fast gefallen, so konsequent hatten die türkischen Mineure ihre Stollen unter die Mauern gesprengt. Doch Jan III. Sobieski kam gerade noch zur rechten Zeit aus Polen und Großwesir Kara Mustafa beging seinen inzwischen berüchtigten taktischen Fehler: Er widmete sich dem Entsatzheer und den Stadttruppen gleichzeitig. Auch wenn die Türken flüchteten, geblieben waren in Wien genügend Spuren von ihnen. Entlang von Mythen, Legenden, Straßennamen und sonstigen Toponymen kann man ihnen noch heute folgen. Bis hinauf zur Türkenschanze in Währing. Von dort hatten abertausende osmanische Soldaten einst auf die Stadt geblickt. Und exakt von dort sollte schon knapp 200 Jahre später eine Villenkolonie ins Weite schauen: das Cottage-Viertel.

Bis es dazu kommen konnte, mussten aber noch einige Steine aus der alten Bausubstanz purzeln und sich einige Ziegel zu neuen Häusern stapeln. Und das passierte vor allem auch rund 80 Meter tiefer. Dort konkretisierte sich ab der zweiten Hälfte des 19. Jahrhunderts die kollektive Wunschvorstellung von Wien. Andere Visionen davon, wie man zeitgemäß bauen sollte, hatten es allerdings von den Köpfen der Denker und Gestalter nicht weiter als auf Papier geschafft. Architekt Heinrich Ferstel trug zu jener Zeit auch schon länger ein Konzept mit sich herum. Seine Domäne war aber nicht die Sorge um die Lebensqualität der bürgerlichen Familie. Und auch nicht die Peripherie der Stadt. Vielmehr machte sich Ferstel baukünstlerisch in der Stadtsilhouette des Zentrums bis heute unübersehbar bemerkbar. Und das schon in frühen Jahren seiner gestalterischen Karriere. Zumindest mit einem Entwurf:

Ferstel hatte überraschend den Wettbewerb für die Votivkirche gewonnen. Natürlich mit einem konservativen Vorschlag; der Historismus war die willkommene Verlässlichkeit in unvorhersehbaren Zeiten. Alt war der Stil, doch jung war der Mann: 27 Jahre alt war Ferstel damals. Ziemlich jung also für jemanden, der Wien architektonisch mitdefinieren sollte. Vor allem in einer Ära, in der weise, alte Männer überhaupt das Meiste definierten, inklusive der Zukunft. 1856 wurde der Grundstein der Kirche gelegt. Noch bevor Kaiser Franz Joseph I. seinen Willen per Handschreiben deklarierte. Das geschah ein Jahr danach. 22 Jahre später war die Votivkirche endlich fertig und der Kaiser durfte dort zur Einweihung seine Silberhochzeit feiern.

Eine Kirche als großes „Danke!“: Schließlich hatte Kaiser Franz Joseph ein Attentat überlebt. Heinrich Ferstel lieferte den Entwurf für die Votivkirche.

In der Zwischenzeit war viel passiert. Wien hatte sich umgekrempelt. Und Ferstel war einer der Chef-Umkrempler. Als er die Pläne für die Kirche zeichnete, hatte die Stadt 450.000 Einwohner. Als sie fertig war, fast doppelt so viele. Ferstel selbst hatte Karriere gemacht. Lifestylemagazine von heute hätten ihn wahrscheinlich „Star-Architekt" genannt. Der Mainstream war sein gestalterisches Zuhause. Brav und meisterhaft zugleich hatte er Populäres und Prototypisches einer Ära abgeliefert. Darunter das Museum für angewandte Kunst etwa. Oder die Universität. Gebäude, die in Fachzeitschriften genauso bewundert wurden wie von den Wienern, aber irgendwie im Gestus auch stets sich selbst bewunderten. Doch Ferstel zweigte trotzdem manchmal vom Erwartbaren ab. Wenn auch anfangs nur theoretisch. Und noch dazu eher im Hinterkopf. In der Frage „Wie man wohnen soll?" lehnte er sich jedenfalls trotzdem weit aus den Konventionen heraus. So weit, dass seine Ideen dazu irgendwann sogar vor den Stadtgrenzen Wiens landen sollten. Dort, wo man sich früher bestenfalls noch zur Sommerfrische hinkutschieren ließ. Und genau dorthin, in Richtung Wienerwald, führte auch Ferstel schließlich seine Gedanken spazieren. Wenn er an Häuser dachte, die umgeben von Grün, Gärten und Freiraum waren. So wie er es bei Studienreisen nach England gesehen hatte. Wo auch die Cottages standen, die er sich als Vorlage für einen neuen Typ Haus ausborgen wollte, den Wien so noch nicht gekannt hatte. In England war Ferstel auch 1850, als die Vorstädte Wiens eingemeindet wurden. Gemeinsam mit Rudolf Eitelberger schrieb er sich zehn Jahre später seine Gedanken zu Häusern von der Seele: in der Schrift „Das bürgerliche Wohnhaus und das Wiener Zinshaus". Denn in den frei stehenden englischen Landhäusern meinte Ferstel das gefunden zu haben, was die meisten gar nicht so intensiv gesucht hatten: die ideale Wohnform für die Familie als schützenswerte Kernzelle der Gesellschaft. Man musste die Idee nur noch nach Wien versetzen.

Heinrich Ferstel zeichnete das Stadtbild Wiens deutlich mit: allein mit dem Palais Ferstel, dem Hauptgebäude der Universität Wien sowie dem Museum für angewandte Kunst am Ring.

Was Ferstel hier sehr motiviert einbrachte, musste auch erst einmal sickern: in einer Stadt, die vor allem mit sich selbst beschäftigt war. Es sollte noch ein paar Jahre dauern, bis sich die Gründer des Cottage Vereins dankbar auf die Idee von Ferstel beriefen. Seine Schrift und seine Haltung wurden zur Grundlage des Cottage-Viertels. Als dort die ersten Häuser im Jahr 1873 entstanden, war Ferstels Votivkirche noch immer nicht fertig. Und auch sonst war noch einiges im Prozess, was sich an der Ringstraße angesagt hatte. Zumindest war der Boulevard schon offiziell eröffnet, als die Stadt endgültig im Westen Wiens angekommen war. Dort, wo sich die Baustellen an der Ringstraße schon fleißig bedient hatten an Baumaterialien, an Schotter und an Sand. Denn all das kam auch von der Türkenschanze. Täglich ins staubige Zentrum hereingekarrt von Kutschen. Ein paar Jahre später schon war das Cottage-Viertel nicht nur topografisch ganz oben angekommen, sondern auch auf der Prestigekurve der Wiener Wohngegenden. Sicher auch ein Grund, dorthin zu ziehen für einen, dessen Leben eng mit dem Cottage-Viertel verknüpft ist: Arthur Schnitzler. Seine Wiener Wohnbiografie hatte in der Stadt dort begonnen, wo sie für viele jüdische Familien angefangen hatte: gleich neben dem Nordbahnhof, dem größten Bahnhof der Stadt jener Zeit, in der Leopoldstadt. Dort wurde Schnitzler geboren, in der Praterstraße, auf Nummer 16. Ein paar Jahre später sollte dann der Kaiser an einer jubelnden Menge in Richtung Prater kutschieren. Es gab eine Weltausstellung zu eröffnen. Zu jenem Zeitpunkt allerdings waren die Schnitzlers schon das zweite Mal weitergezogen: an die Adresse Burgring 1, wo Arthur Schnitzler später auch seine Privatpraxis hatte. Zuvor hatte ihn die erste Station des sozialen Aufstiegs vom „Judenviertel" in Ringnähe geführt, in die Bösendorferstraße. Auch eine dieser vielen staubigen Gegenden im Umbruch damals. Schließlich ging gleich neben der Schnitzler-Wohnung das Privatpalais des Herzogs Philipp von Württemberg in Stellung – zur Weltausstellung 1873 sollte es das Hotel Imperial werden. Und auf der anderen Seite entstand gerade das Musikvereinsgebäude, entworfen von Theophil Hansen, der die Ringstraßen-Architektur ähnlich geprägt hatte wie Ferstel.

Eine Stadt, die ächzt und stöhnt

Als Ferstel 1850 nach England aufgebrochen war, war auch Wien schon längst aufgebrochen. So viele Pflastersteine waren noch nie auf den Straßen gelegen. Und so viele Hufe hatten noch nie auf ihnen geklappert.

Wien hetzte seinem eigenen Wachstum hinterher, so wirkte es. Die Stadt ächzte. Und schepperte. Wien bröckelte an allen Ecken. Wer Metropole werden wollte, musste zuvor Großbaustelle werden. Die Gründerzeit war auch eine Zeit des Abschieds: Drei Viertel der Wohnhäuser in der Innenstadt, die vor 1840 gebaut worden waren, wurden abgerissen und neu aufgebaut. Die einen seufzten darüber, wie das alte, vertraute Wien verschwand. Die anderen echauffierten sich darüber, wie das Neu-Wien, das sich da imposant aufbäumte rund um die Innenstadt, stilistisch und ästhetisch ausgefallen war. Aus alten Zeiten wurde Schutt. Und die neuen Häuser beschworen erst recht in ihren Fassaden die alten Zeiten. Die Stadt zog gerade, was krumm war. Schubste aus dem Weg, was Fortschritt und Verkehr im Weg stehen könnte, legte der Welt Schienen bis vor die Tore des Linienwalls und dem Stadtwachstum die Rutsche bis weit hinaus in die Landschaft. Am Ende des Jahrhunderts war Wien wie ausgewechselt. Wo früher das Glacis war und die Wiener spazierten, führten die Architekten ihre Visionen spazieren: Zwischen 1860 und 1914 waren 58 öffentliche Gebäude und 590 Privatbauten entlang der Ringstraße entstanden. Als sie am 1. Mai 1865 eröffnet wurde, gab es noch immer viel zu tun. Der Kaiser kümmerte sich um das Grobe. Wie etwa Stadtmauer schleifen lassen und solche Dinge. Wenn es irgendetwas danach zum Eröffnen gab, war Franz Joseph natürlich wieder pünktlich zur Stelle.

Die Migranten, die in die Stadt strömten, erledigten die staubige Drecksarbeit auf den Baustellen und an den Ziegelöfen. Und niemand kümmerte sich so recht darum, wo all die Arbeiter wohnen sollten. Die Stadt sorgte sich vor allem einmal um das Wohl der Stadt selbst. Das Wasser wollte Wien zähmen, die Donau regulieren. Zu lange hatte es den Wienern und der Stadt zugesetzt, nicht nur friedlich gestreift, sondern verheerend geflutet regelmäßig. Und was die Häuser dann umspülte, war eher Dreckssuppe als Wasser. Oder: die Cholera. Sie steckte dem Wien der Gründerzeit allmählich ganz schön in den Knochen. Im Jahr 1873 kam sie zum letzten Mal „angeschwappt" und spülte damit auch endgültig eines davon: die Aussicht, dass die Weltausstellung doch ein Erfolg werden könnte. Dafür kam ein anderer Schwall aus anderer Richtung: Die Wiener Hochquellwasserleitung wurde Ende des Jahres doch noch fertig. Als die Fontäne des Hochstrahlbrunnens auf dem Schwarzenbergplatz in die Höhe schoss, war das das plakative Zeichen dafür.

Wien war enger geworden. Und lauter. Die Menschen wuselten. Der Staub wirbelte. Der Geburtenüberschuss war es nicht, der all das ausgelöst hatte. Denn der setzte erst ab den 1870er-Jahren ein. Trotzdem füllten sich die Wohnungen so dicht, dass kaum jemand mehr als vier Quadratmeter für sich selber hatte. Ein Großteil der Menschen war nicht in Wien geboren. Die meisten von ihnen in Böhmen und Mähren. 1880 lag ihr Anteil etwa in Favoriten bei fast 40 Prozent. Die Migranten kamen nach Wien, weil sie Arbeit, Chancen und ein Bett zum Schlafen suchten. Doch oft konnte ihnen die Stadt nicht einmal diesen Wunsch erfüllen. Die „Bettgeher" standen auf, wenn die anderen, die von der Schicht heimkamen, schlafen gehen wollten. Es reichte nicht für alle. So viel konnten die Arbeiter selbst gar nicht an Ziegeln zu Arbeiterquartieren stapeln, dass es gereicht hätte für alle. Doch die Weltwirtschaft feierte munter Hochkonjunktur und die Gesellschaft wollte trotzdem mehr von allem und das bitte bald: Lokomotiven, Ziegel, um Häuser zu bauen, Tabak, Nahrungsmittel, Bier. Die Fabriken lechzten nach Arbeitskräften. Und auch das Kleingewerbe suchte geschickte Hände. Um 1880 stammte mehr als die Hälfte der Beschäftigten in den Wiener Tischlereien und Schlossereien aus Böhmen und Mähren. Bei den Schneidern und Schustern waren es sogar zwei Drittel. Und für eines sorgten natürlich die Migranten auch noch: für noch mehr Ziegel für noch mehr Häuser.

Das Leben war anstrengend. Und jetzt wurde es noch dazu in der Stadt ziemlich ungesund. Wenn man 1850 auf die Welt kam, konnte man erwarten, ungefähr 20 Jahre alt zu werden im Durchschnitt. Sogar in den Industriestädten Liverpool und Glasgow lebte man statistisch gesehen länger und gesünder als in Wien. In London konnte man sogar mit 38 Jahren rechnen. In Wien dagegen damit, dass einen die Cholera erwischte. Oder doch die Tuberkulose. Sie quälte die Stadt und seine Bevölkerung so sehr, dass man sie irgendwann auch die „Wiener Krankheit" nannte. 1867 starb ein Viertel der Wiener Bevölkerung daran. Und während Staub, Dreck und Krankheitserreger Wien zudeckten, taumelte die Stadt in ein anderes Fieber: in den Hochkapitalismus, in die Hochgründerzeit und in die Aufregung endlich „von Welt" zu sein. Spätestens 1873 zur Weltausstellung in Wien sollte die Welt das dann auch deutlich erkennen. Es war das Jahr, in dem ein Stadtviertel Wiens bewusst auf Distanz zu all dem ging, was sonst noch geschah. Räumlich und gestalterisch. Das Cottage-Viertel in Währing.

Wohnen, hausen, residieren

Wien war eher mit sich selbst beschäftigt als mit den Wienern. Wo sie ihre Nächte und Tage verbrachten, das kümmerte die Stadt in der Gründerzeit wenig. Hauptsache alles lief halbwegs in geordneten Bahnen. Wien als große Kümmerin, dieses Selbstverständnis entstand erst als ein Konzept des späteren „Roten Wiens". In der zweiten Hälfte des Jahrhunderts bestimmte vor allem eine Instanz, wer wie viel wovon hatte: der Markt. Einiges an Infrastruktur hatte die Stadt auch an private Gesellschaften ausgelagert. Für Gas, Strom und öffentlichen Verkehr, dafür waren andere zuständig, nicht die Stadt. Und fürs Wohnen schon gar nicht. Das freie Spiel der Kräfte würde das schon regeln. Schließlich formte man seine Überzeugungen damals gerne aus einem wirtschaftsliberalistischen

Denkmodell. So überließ man das Wohnen dem Markt und damit auch: den Spekulanten. Und damit überließ man aber noch etwas: die ärmeren Wiener ihrem Schicksal, dem Wohnelend. Auch die Architekten waren keine Hilfe. Sie waren zu sehr beschäftigt mit abgehobenen Bedürfnissen, die gesellschaftlichen Aufgaben tangierten sie wenig. Wenn es nicht jene waren, den Status der Bauherren architektonisch abzubilden. Bauherren gab es jedenfalls inzwischen genug. Dafür hatte auch nicht die Stadt selbst gesorgt, sondern schon wieder der Kaiser. Mit einem längst überfälligen Gesetz. Ab 1860 wurde nämlich die „Realbesitzfähigkeit der Israeliten" erlaubt. Juden durften nun Häuser und Wohnungen besitzen. Das ließen sich viele von ihnen nicht zweimal erlauben.

Jüdische Bauherren bauten fleißig mit am „Neu-Wien", vor allem auch entlang der Ringstraße. Und wie das ausschauen sollte, war auch schnell klar. Vor allem sollte man es den Gebäuden ansehen, wie weit man es als Bürger gebracht hatte. Die Häuser verkündeten die Botschaft des sozialen Aufstiegs. He, schaut her, wer wir sind, riefen sie in den Stadtraum. Und die Wiener schauten staunend auf die Häuser, die sich da rund um die Innenstadt allmählich aneinanderreihten und nahmen sich selbst vor, im Falle des eigenen Aufstiegs, um nichts nachzustehen. Stilistisch schnörkelte sich die Stadt und ihre Architektur noch mal tief ein in vergangene, bewährte Muster. Als würde sie schon spüren, dass im nächsten Jahrhundert solche Eskapaden ohnehin vorbei sein würden, dass die Moderne die Physiognomie der Stadt ohnehin ziemlich glattstreichen würde – die Straßenlaternen, die Zäune, die Häuser, alles.

Mit „schön" war der äußere Anspruch an die Gestaltung schon ziemlich exakt umrissen. Und das noch dazu, ganz unabhängig davon, wieviel Überfluss oder wieviel Elend sich im Inneren ausbreiten sollte. Schmuck bekamen die Paläste. Schmuck bekamen die Arbeiterhäuser. Die einen mehr, die anderen eben weniger. Und „schön", das bedeutete für den Mainstream, die Masse der Bauherren, ganz etwas anderes als für ästhetische

Rebellen. Zu diesen gehörte etwa auch Adolf Loos. Diesen schauderte es, als er später rund um die Jahrhundertwende über die Ringstraße flanierte. „Wenn ich auf dem Ring entlangschlendere“, schrieb der 27-jährige Loos im Jahr 1898, „so ist es mir immer als hätte ein moderner Potemkin die Aufgabe erfüllen wollen, jemandem den Glauben beizubringen, er sei in eine Stadt von lauter Nobili versetzt. Was auch immer das renaissierte Italien an Herren Palästen hervorgebracht hat, wurde geplündert um ihrer Majestät der Plebs ein Neu-Wien vorzuzaubern.“ Schuld an der ästhetischen Misere waren laut Loos nicht die Architekten, nicht die Spekulanten. Schuld war die zahlende Kundschaft. „Der Häuserspeculant würde am liebsten glatt die Facade von oben bis unten putzen lassen. Und dabei würde er auch am wahrsten, am richtigsten, am künstlerischsten handeln.“

Die Zeit technischer Innovationen war längst angebrochen. Aber die Ästhetik hielt sich an die Vergangenheit. Gerade die italienische Renaissance lieferte unzählige Muster, die die Architekten artig applizierten entlang des Rings. An den öffentlichen Gebäuden wie auch an den privaten. Die Bauherren gehorchten dem Mainstream-Geschmack und der flüsterte ihnen konsequent ein: „Gib mir Dekor.“ Und manche der Architekten dürften sogar froh gewesen sein über die Soufflage, so gestalterisch unentschlossen standen sie vor den neuen Bauaufgaben. Das Merkmal „schlicht“ hatte jedenfalls noch keine guten Karten. Die großen Architekten wie Ferstel oder auch Theophil Hansen bedienten sich im Schüttkorb der Architekturgeschichte: Antikes. Französisches, Italienisches, Klassizistisches, alles dabei. Und so viel Platz, danke Stadterweiterung, sich auszutoben.

Paläste mussten es jedenfalls sein, die Häuser, die sich das wohlhabende Bürgertum entlang des Rings errichten ließ. Den Gestus, den borgten sich Bauherr und Architekt bei der Zielgruppe, der ohnehin jeder nacheiferte, dem Adel. Wohnen allein, das genügte den Reichen auch nicht. Das musste mindestens schon unter „Residieren“ fallen. Und selbst wenn der gesellschaftliche Aufstieg ein ziemlich steiler war, ganz so hoch wollten die Bürger in ihren Häusern selbst dann auch wieder nicht steigen: Das Residieren verlegten die Familien deshalb gerne in die Beletage. Und auch dieser sollte man extra augenscheinlich an der Fassade ansehen, wer dahinter sein Privatleben auf unzählige Zimmer und hunderte Quadratmeter verteilte. Der Fassadenschmuck war das unmissverständliche Sprachrohr dafür. Darüber wurden die Fassaden dann wieder schlichter, auch wenn die Wohnungen elegant blieben. Und selbst wenn die wohlhabenden Familien die restlichen Stockwerke vermieteten, blieb das Haus das, was es nach außen hin sein sollte: ein Palast, wenn auch ein „Zinspalast". Die Dienerschaft hatte sowieso ihre

Der jüdische Bankier Gustav von Epstein beauftragte den Architekten Theophil Hansen mit dem Bau des Palais im Stil der Neorenaissance.

Der Heinrichshof galt lange als das „schönste Zinshaus" Wiens. Der Bauherr war der Ziegelunternehmer Heinrich Drasche, der dafür sechs Parzellen zusammenlegen ließ.

eigenen Stiegenaufgänge, über die sie in die Wohnungen schlüpfen konnte. Und ihre Quartiere im Mezzanin, im Erdgeschoß oder ganz oben unterm Dach.

So wie im Palais Epstein. Dafür hatte Gustav Epstein sich einen der teuersten Baugründe überhaupt in Wien gesichert. Er beauftragte den Architekten Theophil Hansen, sich stilistisch und dekorativ im Historismus so richtig auszutoben, die Bauausführung hatte jemand inne, der später all dem radikal abschwören sollte: der junge Otto Wagner. Im Erdgeschoss zog das Bankhaus ein, darüber in der Beletage die Familie. Über eine Prunkstiege erreichte sie ihr Domizil. Auf einem Grundriss von 600 Quadratmetern reihte sich eine Unmenge von Zimmern aneinander. Kinderzimmer, Gouvernantenzimmer, Hauslehrerzimmer, Tanzsaal, Empfangssaal, Speisesaal, Spiel- und Billardzimmer. 1872 zog die Familie Epstein ein, eine der reichsten Familien Wiens, im Gründungsjahr des Cottage Vereins. Doch lange konnte die Familie ihr Palais nicht genießen. Der Börsenkrach grätschte direkt hinein ins Glück. „Als Millionär war er gefahren, als Bettler kam er zurück", hatte eine Zeitung über Gustav Epstein geschrieben, der auf einer Italienreise vom „Schwarzen Freitag" im Jahr 1873 erfuhr. Der Kassier des Bankhauses, Adolf Taussig, hatte sich aus Verzweiflung aus dem dritten Stock seiner Wohnung in der Kantgasse gestürzt.

Davor machte sich noch ein anderes Wohngebäude am Ring ziemlich wichtig: der Heinrichshof. Das „schönste Zinshaus" von Wien, hieß es. Gebaut wie die meisten anderen aus Ziegeln, jenem Baustoff, mit denen der „Hausherr" und Bauherr sein Geld verdient hatte: Heinrich Drasche. Mit einem gewaltigen Block, sechs Parzellen wurden zusammengelegt, setzte er die Benchmark, an der sich später alle anderen Zinspaläste der Stadt messen mussten. Auch hier war Theophil Hansen als Architekt zugange, jener Architekt, der an der Prachtstraße neben Heinrich Ferstel wahrscheinlich die deutlichsten Spuren hinterlassen hat. Mit jenen des Riesenblocks gegenüber der Oper hatte Hansen im Jahr 1863 begonnen. Ein Nobel-Mietshaus-Monstrum ist es geworden. Es posaunte Drasches Erfolg hinein in die Stadt mit monumentaler Geste. Kein Wunder, im Jahr 1872, als der Cottage Verein seine Statuten festschrieb, verbaute Wien fast 330 Millionen Ziegel. Gebrannt wurden sie von den „Ziegelböhm", die auch Wohnungen und Unterkünfte brauchten. Solange Drasche am Ruder seiner Firma war, hatte er selber für Arbeiterquartiere gesorgt. Diese kippten aber ins Elend, als ein Bankenkonsortium das Unternehmen übernahm. Während sich die Erfolgreichen im Glanz der Ringstraße sonnten, wurde es auf der Schattenseite der Gründerzeit immer düsterer. Schließlich mussten die Menschen auch dort wohnen, wo die Weltstadt Wien nicht gar so prunkvoll hinstrahlte. Und dort gerieten die Häuser dann doch eher zu Kasernen als zu Palästen. Die Architekten selbst hatten mit ihrem Grundriss die Analogie getriggert:

In den Mietskasernen reihten sich Kleinstwohnungen in Endlosgängen aneinander. Mehr als 35 Quadratmeter wurden kaum einer Einheit gegönnt. Licht und Luft waren genauso knapp bemessen. Wasser und Toilette sowieso am Gang. Die Spekulanten quetschten jeden Quadratmeter aus, der sich verwerten ließ. So häuften sich bei den einen Profite, bei den anderen die Krankheiten. Schließlich teilten sich manchmal bis zu zehn Personen eine Wohnung. Doch selbst Sesshaftwerden geriet zum Luxus. Die steigenden Mieten trieben die Menschen immer weiter. Von einer Wohnung in die nächste. Bernhard Friedmann schrieb in seinem Bericht „Die Wohnungsnoth in Wien" im Jahr 1857, das Jahr in dem der Kaiser seinen Willen zur Stadterweiterung verkündete: „Von einer Wohnung kann daher kaum mehr die Rede sein, höchstens von einem temporären Obdache, von steinernen Zelten, welche unablässig ihre Besitzer wechseln." Die Stadterweiterung sollte auch den Druck auf den Wohnungsmarkt abfedern. Eine vergebliche Hoffnung. Im Gegenteil. Und während der Ring mit Zinspalästen zuwuchs und die gerasterten neuen Arbeiterviertel mit Mietskasernen, schien es fast, als wäre die wichtigste aller Fragen unter den Tisch gefallen: Wie soll man denn am besten wohnen in den Häusern der Stadt? Und wie sollen diese Häuser überhaupt ausschauen? Heinrich Ferstel hatte ja da seine eigene Meinung. Hinter Zuckerguss und Ornament sollte sich das bürgerliche Leben jedenfalls nicht verstecken. Vielmehr sollte es Platz finden in einer – für Wien – ganz neuen Form von Häusern. Und diese sollten zweckmäßig und solide sein.

2

Die Cottage-Idee geht ihren Weg

Irgendetwas war falsch gelaufen in der Stadt. Die Wiener behaupteten zwar, sie lebten in Wien. Aber zu Hause waren sie trotzdem kaum. Es schien fast, als lebten sie woanders. Und ein Beobachter, der Autor Ernst Keil von der Illustrierten „Die Gartenlaube", meinte 1878 zu wissen, wo das sein könnte: „Der Wiener lebt sehr viel außer dem Hause. Man kann wohl die Behauptung wagen, daß in der inneren Stadt auf jedes dritte Haus ein Gast- oder Kaffeehaus kommt, und wenn es auch erst jedes vierte Haus wäre, so sagt auch das schon genug. Diese Locale werden nicht cultivirt, weil sie zufällig existiren, sondern sie existiren, weil ein Bedürfniß nach ihnen vorherrscht, und dieses Bedürfniß läßt sich vorzüglich auf die höchst unbefriedigenden Wohnungsverhältnisse in Wien zurückführen. Unsere Zinsburgen gewähren dem Miether nur in seltenen Fällen ein trauliches, behagliches Heim, und darum wird nur zu gern ein Ersatz dafür in den meist sehr behaglich reich ausgestatteten öffentlichen Localen gesucht." Als der Autor diese Zeilen verfasste, hatten sich schon über 100 Häuser oben auf der Türkenschanze zu einer „Villen-Colonie", zum Cottage-Viertel formiert. Als Alternativmodell zu jener Form von Stadt, in der scheinbar eher die Kaffeehäuser beheizt und behaglich waren als die Wohnungen. Aber das war längst nicht das einzige Problem, das Heinrich Ferstel schon Jahre zuvor konstatiert hatte. Wien hatte die falschen Häuser. Zu viele „Zinshäuser", zu wenige „Wohnhäuser". Die einen baute man für den Zins, die anderen zum Wohnen, für die Menschen also. Mitsamt ihren Bedürfnissen. Und damit hatte Ferstel explizit die „gekünstelten" nicht mitgemeint. Jene nach Repräsentation, die die Architekten ohnehin schon großflächig erfüllten. Als Komplizen des schlechten Geschmacks. Der falsche Schmuck machte die Häuser unschön, unpraktisch und vor allem zu teuer. Mit dieser Meinung stand Ferstel nicht ganz allein. Er hatte einen gedanklichen Mitstreiter, einen, mit dem er sogar befreundet war, zunächst beruflich, später auch privat. Und fast symptomatisch für ihr Naheverhältnis rückten sie auch posthum einander ziemlich nahe. Als Büsten, die im prunkvollen Stiegenaufgang des Museums für angewandte Kunst platziert wurden. Rudolf Eitelberger war sein erster Direktor. Heinrich Ferstel der Erbauer des Gebäudes. Und gemeinsam überlegten sie, was Häuser sonst noch so sein könnten außer zu eng, zu pompös, zu ungesund und obendrein unleistbar. Ihre Gedanken dazu formulierten sie in einer Schrift: „Das bürgerliche Wohnhaus und das Wiener Zinshaus" hieß sie und erschien 1860. Gerade als am Kärntner- und Opernring die ersten Bauparzellen verkauft wurden für die Stadterweiterung. Davon hatten die Leidtragenden der Wohnmisere nicht allzu viel. Es waren die „civilisierten Wohnhaus-Nomaden, die schlechter daran sind, als die ärmsten Bauern und Landleute". Oder jene Zinshausbewohner, „die sich zweimal im Jahr fürchten, dass entweder ihr Miethvertrag gekündigt oder ihr Miethzins erhöht" wird. Die „Wohnungsspekulation" war die Ursache des ganzen Übels. Denn es lief so, meinten Ferstel und Eitelberger: „Man baut nicht, um darin zu wohnen, sondern um die Wohnungen zu vermieten.

Man hat bei der ganzen Anlage eines Gebäudes vor allem den hohen Zins in den Augen, die Procente, welche das Capital abwerfen soll." Kein Wunder, dass die Häuser die Bewohner „malcontent" machten, wie Ferstel befand. Nicht nur weil sie zu teuer waren. Krank machten die Zinshäuser auch noch. „Denn sie hätten nur kleine Lichthöfe, die nicht dazu dienten, die Circulation des Luftstroms zu befördern und zu erleichtern, sondern umgekehrt die ausströmende schwere ungesunde Luft förmlich zu conservieren."

Und noch einen unerwünschten Nebeneffekt würden Zinshäuser produzieren: Sie verderben die Sitten. Denn viele Menschen lebten in Wien einfach unter zu wenigen Dächern. Vor allem auch im Vergleich zu anderen Metropolen. In London waren es 1856 durchschnittlich zehn Einwohner in einem Haus, wie Ferstel und Eitelberger darlegten. In Wien dagegen waren es 55. Da sei es wohl am besten, wenn man gleich die Häuser schrumpft: auf Familiengröße. Dann passiert auch nichts. Und dafür müsse man eben schon die Parzellen verkleinern. Eine Vorlage für die „Familienhäuser" fand Ferstel ebenfalls schnell. Schließlich war es nicht gerade die Ära, in der das Neu-Erfinden so sehr in Mode war. Der Architekt holte sich eine Schablone, diesmal nicht wie sonst in der italienischen Renaissance. Er holte lieber dorthin aus, wo die Schornsteine der Industrie schon früh besonders dicht qualmten: nach England. Dort hatte sich das „Cottage", ein frei stehendes Familienhaus, schon als Frischluft-Gegenmodell zum urbanen Industrie-Moloch etabliert. Nur noch nach Wien musste man es versetzen. Und zuschneiden auf eine mögliche Zielgruppe, die auch der Cottage Verein ursprünglich ansprechen wollte: den Mittelstand. Jene, die unter den Mietsteigerungen am meisten litten, weil ihre Löhne nicht entsprechend mitwuchsen. Beamte etwa. „Wir schlagen den Besitz eines eigenen Hauses für die Bedeutung der Familie außerordentlich hoch an", so formulierten es Ferstel und Eitelberger. Und auch wenn die Häuser kleiner geraten sollten, für Licht und Luft wollte die Architektur unbedingt Platz lassen. Im besten Fall auch für einen Garten drumherum. „Das Cottage-System, welches sich anderwärts an vielen Orten, namentlich aber in England allgemein glänzend bewährt hat", schlugen die Autoren vor. „Die enormen Vortheile dieses Systems in sanitärer, sittlicher und finanzieller Beziehung sprachen mit überzeugendster Gewalt für dessen Einführung auch in Wien." Wien war reif für ein „Cottage". Ferstel und Eitelberger hatten das Fundament dafür geschaffen.

Ein Stück „ideales Wien"

Schön, wie sich Ferstel und Eitelberger das ausgemalt hatten. So ruhig und voll frischer Luft. Fast als idyllische Parallelwelt zu jener, in der die meisten Wiener täglich aufwachten. Diese war nämlich staubig, laut und dreckig. Häuser für Familien sollten es also sein, als Gegenentwurf dazu. Zweckmäßig und schlicht, nicht zu groß, auf kleineren Parzellen, auf denen trotzdem noch genügend Platz bleiben sollte. Für einen Garten und vor allem dafür, dass sich für eine Familie so etwas wie Lebens- und Wohnqualität nachhaltig entfalten konnte. Ein Wien, das man gleichzeitig genießen und sich leisten konnte. Das klang nach einem guten Plan. Fehlten nur noch ein paar wesentliche Dinge: Die Gegend, in der das alles geschehen sollte. Und das Geld, mit dem man das alles bezahlen wollte. Das eine fand man an der Türkenschanze, das andere borgte man sich bei den großzügigen Banken. Das war noch bevor es an der Börse krachte. Zuvor galt es aber auch noch etwas anderes zu erledigen: einen gemeinnützigen Verein zu gründen, seine Statuten festzulegen. Und damit das Projekt auch „offiziell" auf die Reise zu schicken. Zwei Namen sind mit den Anfängen des „Wiener Cottage Vereins" noch verbunden. Der eine war Carl Borkowski, ein Architekt, der im Büro von Heinrich Ferstel beschäftigt war. Bis er schließlich der erste Leiter der Baukanzlei des Cottage-Viertels werden sollte. Der andere war Edmund Kral, er war juristischer Referent der Allgemeinen Bodencreditanstalt, einem der wichtigsten Geldgeber des Vereins. Am Weihnachtstag 1871 hatte er noch im Gebäude der k. u. k. Gartenbaugesellschaft am Parkring einen Vortrag gehalten, in dem er „Gesundes Wohnen für Familien in billigen Eigentumshäusern" propagierte. Ein letztes mündliches Manifest, bevor es dann auch schwarz auf weiß auf jenem Papier stand, mit dem das „Comité" die Gründung des „Wiener Cottage Vereins" beantragte. Kral und Borkowski reichten am 24. Jänner 1872 die Gründung ein. Und das hörte sich in der schriftlichen Begründung so an: „Die Miet- und Wohnverhältnisse in Wien haben im Laufe der letzten Jahre eine solche Gestaltung angenommen, dass es den auf ein fixes jährliches Gehalt beschränkten Beamten und Pensionisten nachgerade unmöglich wird, die hohen Mietzinse zu erbringen und darüber auch für die ureigenen Lebensbedürfnisse zu sorgen." Man wollte ihnen die Möglichkeit einräumen, „gesunde, billige Wohnhäuser mit Gärten nach Art der englischen Cottages gegen Ratenzahlungen eigentümlich zu erwerben".

Geschrieben, eingereicht und schon bald getan. Heinrich Ferstel, der Ideenvater gleichsam, trat später auch dem Verein bei, ab April 1873 war er dessen Obmann, stand ihm mit Expertise und Rat zur Seite bis zu seinem Tod. Es war die Gründung eines Vereins, der später ziemlich viele Komplimente erhalten sollte. Dafür, dass er so „tatkräftig" war. Und so „heroisch" und „tapfer". Schließlich fiel die Gründung auch in eine Ära, in der man gerne die Seefahrtsmetaphern bemühte. Weil es gar so sehr schaukelte vor lauter Wellen des Wandels und manch wirtschaftlicher Stürme. Siehe Börsenkrach von 1873. All das

WIGNER
C

GE
VEREIN

durchschiffte der Verein dann doch verhältnismäßig gelassen. Und so konnte man dem Cottage Verein später noch etwas zugutehalten: seine „veilchenhafte Bescheidenhaft", wie es die „Allgemeine Bauzeitung" im Jahr 1879 formulierte. Denn das „Produkt", an dem der Cottage Verein so eifrig gebastelt hatte, mit dem wollte er kein Geld verdienen. Im Gegensatz zu den Wohnbaugesellschaften, die in der Stadt die Wohnungen allerorts zur „Ware" deklarierten. „Sorgen und Bedrängnisse" gab es zuhauf, erzählte die Zeitung, „aber sein Schifflein wurde von der vorsichtig handelnden und unverdrossen ausdauernden Mannschaft mit Glück durch alle Gefahren hindurchgeführt". Später konnten die Medien noch ganz andere Dinge vom Cottage berichten. Etwa wie „liebreizend" der Ausblick war und wie sehr das Viertel „Wien zur Zierde gereichte". Und es war wieder Ernst Keil, der in der „Gartenlaube" wohlwollend urteilte: „Eine Baugesellschaft, die Wien mit einem so schönen Schmucke bedacht hat, die siebenzig Bauten vollendet hat, ohne dabei einen selbstsüchtigen, materiellen Vortheil zu suchen, verdient die ungeschmälerte Hochachtung, und diese sei ihr auch gerne gezollt!"

Wohnen und Wohnen lassen

Viel Gegend, ein wenig Landschaft, aus der man Parzellen machen konnte. Darüber eine engagierte Idee gelegt. Und fertig. Mehr Modelliermasse brauchte der Wiener Cottage Verein nicht, um sein ambitioniertes Projekt zu formen. Ein paar Richtlinien könnte es aber durchaus auch vertragen, meinte der Verein. Damit das Vorhaben auch auf Schiene bliebe, solange es in die Zukunft rollt. Schließlich wollte man nicht Wohn- und Lebensqualitäten schaffen, die Wien so noch nie gesehen hatte, damit sie ein paar Jahre später erst recht wieder verschwinden. So schickte man dem Cottage-Viertel noch etwas mit auf den Weg: die „Cottage-Servitute". Ein Paket aus Prinzipien, das für alle verbindlich werden sollte, die hier ein Cottage erwerben wollten. Denn von anderen Instanzen, der Bauordnung etwa, durfte man sich damals nicht allzu viele Verbindlichkeiten erwarten. Noch dazu war die Gegend, als das Projekt startete, noch gar nicht Teil von Wien. So wollte der Verein selbst ein paar Richtlinien definieren. Und diese folgen einer Grundhaltung: Man wohnt und man lässt wohnen. Wer hier schön wohnen will, lässt auch den Nachbarn hier schön wohnen. Wer im Cottage Ruhe, Luft, Licht und Grün sucht, verwehrt es auch den Nachbarn nicht. So steht zwar jedes Haus frei und einzeln, die „Cottage-Servitute" verbinden trotzdem alle zu einem Ensemble. Sie regeln etwa, wie viel Fläche das Haus einnehmen darf und wie viel der Garten, nämlich ein Viertel zu drei Viertel. Sie klären aber auch das Verhältnis von einem Nachbarn zum anderen. Denn in jedem Fall soll es auf „gegenseitige Rücksichtnahme" beruhen. Schließlich sollen alle etwas von allem haben. Und alle gleich viel davon: von der Luft, vom Licht, vom Grün und von der Ruhe. Alle Qualitäten, wofür man die traditionellen Hauskonzepte und die Stadt hinter sich gelassen hat. Wer sich für eine Liegenschaft bewarb, verpflichtete sich den Servituten, die auch im Grundbuch eingetragen wurden. Im Jahr 1873 lautete die Verpflichtung dann so: „Keine Bauten auszuführen, welche auch nur einem der übrigen Cottagebesitzer die freie Aussicht, das Licht und den Genuss frischer Luft benehmen würden, ferner keinerlei Gewerbe auf diesen Realitäten zu betreiben oder durch andere betreiben zu lassen, welches vermöge der Erzeugung von Dünsten oder üblen Gerüchen, vermöge des damit verbundenen Lärms oder möglicher Feuersgefahr den Nachbarn belästigen würde."

Auch baulich machte man ein paar Vorgaben: Höchstens zweistöckig sollten die Bauten sein. Und die Häuser durften einander nicht zu nahe rücken. Dazu sollten die Wohnhäuser ein Viereck bilden, in dessen Mitte sich die Hausgärten zu einem Gartenkomplex zusammenschließen. Stilistisch gab es keine konkreten Anhaltspunkte. Die Bauten mussten aber „in ihrer Gesamtheit einen angenehmen, den Charakter von Stadt und Land auf's Trefflichste vermittelnden, völlig einzigartigen und doch einheitlichen Eindruck" machen. Das „Cottage-Servitut" wirkt noch bis in die Gegenwart. Und soll noch heute das Stadtbild und die Nachbarschaftsbeziehungen bewahren: vor Willkür und baulichem Übermut. Dem eigenen und dem der anderen. Doch das Servitut wird heute im Cottage allzu oft umgangen, neu interpretiert und ausgehebelt. Trotzdem war das Cottage das erste Immobilienprojekt mit eingebautem Instrument zur nachhaltigen Qualitätssicherung. Lang bevor sich in der Stadt auch andere Instanzen zuständig für den Schutz des Stadtbildes und der bebauten Umwelt fühlten.

Die Idee darf endlich keimen

Anfang 1873. Wien freute sich auf sein großes Jahr. Der Cottage Verein genauso. Schließlich war alles geklärt: von der Finanzierung bis zum „Cottage-Servitut“. Jetzt durften die Spaten in die Erde stechen, am 26. März. Die Weltausstellung war noch nicht eröffnet, die Börse noch nicht gekracht. Bis zum Ende des Jahres sollte viel passiert sein. Cholera und Finanzdebakel inklusive. Auf der Türkenschanze fiel das Resümee deutlich positiver aus: Denn dort waren 51 Häuser gewachsen. Und das in nur sieben Monaten. Alles lief nach Plan, das Grün musste die Häuser nur noch schön einwachsen. Der Baudirektor Carl von Borkowski schrieb den Häusern ihre Linie vor, aber auch den Gärten und sogar den Straßen, die er zu Alleen gezogen hatte. Die Fahrbahn, auf der anfangs kaum etwas fuhr, und den Gehsteig sollte ein Grünstreifen trennen. Spaziergänger im Cottage danken es noch heute. Rechtwinkelig sollten sich die Straßen kreuzen. Und jene, die das parzellierte Terrain der ersten Bauphase begrenzten, waren diese: die Haizingergasse, die Gymnasiumstraße, die Sternwartestraße und die Cottagegasse.

Ab 1874 stapelten sich auf der Türkenschanze schon bedeutend mehr Steine: Die Sternwarte der Universität Wien wurde gebaut. Als sie eröffnet wurde, war Kaiser Franz Joseph vor Ort, aber auch der damalige Obmann des Cottage Vereins, Heinrich Ferstel, war dabei. Doch damit war der letzte Schlussstein im Cottage noch lange nicht gesetzt. 1876 bis 1877 kamen 20 Häuser dazu. Und ein Jahr später war die Anlage schon auf 100 Häuser angewachsen, die sich entlang von acht Straßen auffädelten. Auf die erste Baukampagne folgte die zweite: Neue Flächen wurden im damaligen Oberdöbling zugekauft – das Viertel wuchs weiter; auf 150 Villen und 1500 Einwohner, die 1887 gezählt wurden. In der

Denkschrift aus demselben Jahr zum 15-jährigen Bestehen, resümiert der Wiener Cottage Verein positiv und lobt die Infrastruktur: „Das nötige Trinkwasser liefern Ausläufer der Wiener-Hochquellenleitung. Dass die Qualität dieses Wassers nichts zu wünschen übrig lässt, ist bekannt. Sämtliche Straßen sind canalisirt, fundirt, geschottert, durch den Verein mit Bäumen bepflanzt und von asphaltierten Gehstegen gesäumt. Die Straßenübergänge sind gepflastert." Solche Errungenschaften konnte sich der Verein durchaus stolz in eine Denkschrift schreiben, die gleichzeitig auch so etwas wie ein Werbeprospekt war. Darin erzählte man der Welt, wie toll man war, wie frisch die Luft und anmutig das Ambiente. Und das sollte man nicht nur an schönen Worten ablesen können. Vor allem auch an klingenden Namen: Dazu fügte man eine Referenzliste an, wer denn schon aller ansässig geworden wäre im Cottage. Und worauf man auch nicht vergaß: Angehörige des Kaiserhauses waren die besten Testimonials. Deshalb führte man auch gleich vorneweg an, dass das Projekt „unter dem Protectorate seiner kasierlichen Hoheit des durchlauchtigsten Herrn Erzherzog Karl Ludwig" stehe. So etwas hätten sich damals auch andere sicher gerne in ihren Immobilien-Prospekt hineingeschrieben. Auch die Verkehrssituation ließ man in der Denkschrift nicht aus: „Der Omnibus fährt alle 15 Minuten durch die Cottage-Anlage und von Währing über den Stock-im-Eisenplatz bis zum Südbahnhof", erfuhr man da. Außerdem seien auch „Einspänner-Standplätze" vorhanden, hieß es.

Doch nicht nur der Cottage Verein selbst war angetan von seinem Projekt. Auch Außenstehende waren es. Der Architekt Franz Neumann hatte mit seinen Villen am Semmering das Bild der Villa eindeutig auf „ländlich" und „bäuerlich" gedreht, 1886 hielt er den Vortrag „Die bauliche Entwicklung Wiens". Darin stellte er dem Cottage-Viertel eine optimistische Prognose: „Hier hat sich aus früheren Villeggiaturen eine Art Wohnungsquartier entwickelt, welches der ferneren Ausbildung der Anlage und dem Anschlusse kein wesentliches Hindernis bereiten wird.

Die Cottagegasse in Richtung Krottenbachstraße in Zeiten, als die Häuser noch größer als die Bäume waren.

(…) Die Versuche zur Grundung von Familienhaus-Anlagen haben in der Cottage-Anlage und einzelnen Theilen Döblings schon Erfolge zu verzeichnen."

Auch die Illustrierte „Die Gartenlaube" sparte nicht mit Komplimenten. Diese streute sie dem Cottage auch zu scheinbaren Nebensächlichkeiten. Etwa dem Asphalt, der „vortrefflich" war. Die „unterirdischen Unrathscanäle", auch die begeisterten. Genauso wie die Gasbeleuchtung. Von der Aussicht und der Lage schwärmten Beobachter sowieso. Gut fürs Image jedenfalls. Und während das Cottage wuchs, die Gärten die Häuser allmählich in ihr grünes Futteral betteten, wurde das Cottage ein anderes. So schlicht wie anfangs waren die Häuser bald nicht mehr.

Eher prächtig und stolz stellten sie sich auf. Das Cottage wirkte. Aber schon längst auf eine andere Zielgruppe als jene, die man zu Beginn noch definiert hatte. Die Finanzkrise hatte die Ambitionen vieler Familien durchkreuzt. Dafür ließen sich nun höhere Beamte, Offiziere, Musiker, Schauspieler, Fabrikanten, Professoren und Ärzte hier nieder – das verrät ein Verzeichnis der Cottage-Besitzer aus dem Jahr 1895. Die Wohlhabenden zogen ins Cottage. Und nicht nur sie waren gegen die Jahrhundertwende oben auf dem Höhenrücken der Türkenschanze angekommen. Auch das Viertel selbst war aufgerückt: in die Liste der besten Wohnadressen. Platz drei, hinter der Innenstadt und Hietzing. Das war schon nicht schlecht. Und nach der Jahrhundertwende konnte man sich im Prestige-Ranking sogar ganz oben einreihen.

Schon bald fädelten sich die unterschiedlichsten Architekturstile entlang der Hasenauerstraße aneinander.

1905 war Zeit für noch ein Resümee. Der zweite Baudirektor Hermann Müller, er war Carl Borkowski nachgefolgt, streute Lob in alle Richtungen. Besonders auch in die Vergangenheit, in der „einige einsichtige und tatkräftige Männer" umtriebig waren. „Seither ist das Unternehmen aus kleinen Anfängen trotz aller Widrigkeiten so weit gediehen, dass es der Stadt Wien zur Zierde und zum Vorteile gereicht, von Einfluss auch auf das Stadtbild und die Eignung bewiesen hat, zur Nachahmung anregend zu wirken." 341 Häuser hatte das Viertel, als Müller diese Zeilen schrieb, und 16 Straßen durchzogen damals das Terrain des Wiener Cottage Vereins. Und da war noch mehr entstanden als ein adrettes Wohnviertel, berichtet Müller nicht ohne Stolz: „Volksschulen, Institute und Mittelschulen haben sich im Cottage und unmittelbar an der Peripherie desselben angegliedert. Eislaufverein und Tennisplätze wurden errichtet. Und zur Pflege der Geselligkeit ein Kasinoverein ins Leben gerufen."

40 Jahre nach der Gründung standen schließlich 387 Häuser, die sich auf 16 Alleen verteilten, beschattet von 2.000 Bäumen. Zwei Jahre zuvor war Arthur Schnitzler ins Cottage-Viertel gezogen. Und konnte an schlichten Einfamilienhäusern, herrschaftlichen Villen und Häusern vorbeispazieren, die aussahen, als hätte man diese vom Märchenland geborgt. Schnitzler musste sich bei seinem Bruder Geld borgen, um das Haus in der Sternwartestraße 71 kaufen zu können. Die Gegend war teuer geworden. Bekam man 1873 für 12.000 Kronen ein kleineres Cottage mit Garten, so kostete es 1912 das Zehnfache. Und während sich Schnitzler seine neue Welt im Cottage einrichtete, waren andere Welten schon drauf und dran einzustürzen. Kriege und Krisen rollten an und schüttelten die idyllische grüne Villenblase gehörig durch.

Der Erste Weltkrieg brach aus und Not über die Stadt herein. Werte, an die Menschen geglaubt hatten, zerbröselten. Vermögen, das sie sich erarbeitet hatten, zerrann. Welten zerbrachen, Familien auch. Ein paar

Jahre nach Kriegsausbruch lag vieles, woran sich Menschen gehalten hatten, in Trümmern. Das Viertel an der Türkenschanze zeigte sich trotzdem so trutzig wie möglich, auch wenn das Chaos, die Hyperinflation, die Finanzkrisen, all das, was die Zwischenkriegszeit mit sich brachte, den sanften Abhang hinauf, die Cottage-Alleen entlang, nach oben schwappte. Die Kriminalität grassierte. Im Cottage formierten sich deshalb verschiedene „Bürgerwehren".

Gerade Arthur Schnitzler macht mit seinen Tagebucheintragungen nicht nur das soziale Netzwerk im Cottage seiner Zeit noch heute erlebbar. Sondern auch die Umwälzungen. 1910 war er hierhergezogen. 1931 starb er. Und gerade in dieser Phase war viel passiert, die Welt in die erste große Katastrophe des Jahrhunderts gesteuert, der Historismus in die Moderne gekippt, die Wirtschaft eingebrochen. Unsichere Zeiten strichen über die Zauberburgen, Barockschlösschen und die Villen, von denen manche noch immer in schlichtem Sichtziegel von der Ursprungsidee erzählten. Nach dem Ende des Ersten Weltkrieges findet man solche Einträge bei Arthur Schnitzler, am 31. Oktober 1918: „Zu Salten, sehr beunruhigt gezeigt (Das Militär von der Front, Arbeitslose, Hunger, Mob)." Es brodelte in Wien. Ein paar Tage später notierte Schnitzler: „Oberl. Sander hat die Plünderungen mitgemacht, wohnt im Cottage, ... stellt sich zu organis. Abwehrmaßregeln zur Verfügung." Die Bewohner des Cottage dachten daran, eine Art Bürgerwehr zu installieren, um sich gegenseitig zu schützen. In der Stadt „unten" hatte man schon von Plünderungen berichtet. Und die spätere Schwiegertochter von Schnitzler, Lilly Strakosch, erzählte dem Autor Georg Markus in dem Buch „Unter uns gesagt", wie sie im Haus ihres Vaters, das ein sozialer Treffpunkt im Viertel war, zusammensaßen und sich berieten. Über eine mögliche „Cottage-Garde". Auch Felix Salten, Richard Beer-Hofmann und ihr Vater Siegfried Strakosch waren dabei. Ein Jahrzehnt später zeugt etwa ein anderer

Eintrag neuerlich von unsicheren Zeiten, es war das Jahr 1929: „Vm. auch in der Einbruchsversicherung Hr. Klein; wegen Erhöhung der Versicherung (viele Einbrüche im Cottage); auch über ev. Versicherung der Manuscripte, mehr theoretisch." Die große Krise, in die die ganze Welt gekippt war, riss die kleine Welt des Cottage mit. „Es war sicher eine der großen Umbruchphasen in der Geschichte des Cottage-Viertels", erzählt auch Matthias Peschke. Sein Großvater Ferdinand Schmutzer war 1928 gestorben. Gerade danach begann viel von den vertrauten Strukturen wegzubröckeln, Zeiten brachen an, die auch das Cottage-Viertel extra dunkel übermalten und all das soziale Gewebe, was sich in den Jahrzehnten zuvor geknüpft hatte, endgültig und brutal durchschnitten.

Neue Häuser entstanden nur mehr vereinzelt. Und auch diese bewiesen, nämlich stilistisch, dass man nun nicht nur die Monarchie, sondern auch den rückwärtsgewandten Historismus endgültig abgestreift hatte. Die Architektur hörte auf zu „malen", nur das Grün pinselte unbeirrt seine Farbnuancen weiter in die Landschaft, als wäre nichts geschehen. Doch irgendwann stürzte auch das Cottage – wie die ganze Welt – in seine dunkelste Phase. Während sich über dem Planeten die größte Katastrophe des Jahrhunderts anbahnte, erlebten die Häuser und Menschen im Cottage auch ihre ganz individuellen Katastrophen. Villen wurden geplündert, beschlagnahmt, geraubt, arisiert. Der Besitz, die Kunstsammlungen verstreut, geraubt, zerstört. Ungefähr 80 jüdischen Familien im Cottage ist das widerfahren. Das nationalsozialistische Regime riss die Menschen aus ihren Wohnungen, Häusern, Freundeskreisen, Familien – aus dem Leben. Künstler, Kreative, Unternehmer jüdischer Herkunft, mussten ihre Häuser und Wohnungen verlassen. Manche gingen sofort und rechtzeitig – ins Exil, ins Ausland, in die Schweiz, in die USA, nach England. Manche warteten noch ab. Manche warteten zu lange. Das Vermögen war weg, die Villen waren weg. Und so viele Menschen wurden verschleppt, deportiert, inhaftiert, ins Exil gezwungen und ermordet. Der Nationalsozialismus zerfetzte brutal das soziale Gewebe des Cottage, das über die Jahrzehnte so intensiv miteinander verwachsen war. Genauso wie ganze Familien in Stücke gerissen wurden. Die Lebenswege vieler Juden führten urplötzlich ins Exil, ins Vernichtungslager, in den Tod. Viele blieben dort, wohin sie geflohen waren, in Israel, in den USA, in der Schweiz. Manche führte der Weg viele Jahre später auch wieder zurück ins Cottage. Und manche sogar zurück in die Villen, die vielfach, nach langwierigen und mühseligen Prozessen, restituiert worden waren.

Die Vertreibung der Juden aus dem Cottage

Das Cottage war kein jüdisches Viertel. Aber eines, in dem viele jüdische Familien wohnten. Der soziale Aufstieg hat die meisten von ihnen auf die Anhöhe über dem Tal des Währingerbaches verschlagen. Hier lebten Unternehmer, Philanthropen, Kunstmäzene und Schriftsteller jüdischer Herkunft. Hier lebten Zionisten wie Theodor Herzl. Und Menschen, die Theodor Herzl bewunderten. Wie Felix Salten etwa, der selbst nach Palästina gereist war. Hier lebten auch Juden, die mit den zionistischen Ideen gar nicht so viel anfangen konnten. Zu ihnen gehörte auch Arthur Schnitzler. Was die meisten Juden rund um das Cottage dennoch verband: ein enges Netzwerk und die kollektive Katastrophe, die über alle gleichermaßen hereinbrach. Auch wenn sie zu ganz individuellen Schicksalen führte. Manche zwang der Nationalsozialismus ins Exil, viele schickte er auf die Flucht und viele in den Tod. Das Netzwerk der jüdischen Bevölkerung spannte sich quer durch Wien und vom Cottage hinunter ins „Tal“, wo die Gentzgasse in leichten Krümmungen dem Lauf des Währingerbaches folgt, der längst schon unsichtbar gemacht wurde. Dort wohnte auch der Schriftsteller und Universalgelehrte Egon Friedell. Ein zehnminütiger Spaziergang führte ihn hinauf zur Villa in die Sternwartestraße 71 von Arthur Schnitzler, der seit 1912 mit ihm befreundet war. Und noch zwei Tage vor seinem Tod, am 19. Oktober 1931, das verrät ein Tagebucheintrag, hatte dieser begonnen „Friedells Kulturgeschichte, 3. Band“ zu lesen.

Als sich die Zeiten auch in Währing so dunkel färbten wie noch nie, war Schnitzler nicht mehr am Leben. Sein Sohn Heinrich war schon mit einer Frau verheiratet, die er in der Nachbarschaft kennengelernt hatte, ebenfalls aus einer jüdischen Familie. Sie hieß Lilly Strakosch und wohnte in der Villa ihrer Eltern, in der Sternwartestraße 56. Im Jahr 1938 konnte Heinrich Schnitzler mit seiner Frau Lilly noch rechtzeitig das Land verlassen, bevor Hitler in Österreich einmarschierte. Die Nationalsozialisten plünderten die Villa. Und sie standen bald auch vor der Tür von Egon Friedell, unten in der Gentzgasse. Er war noch geblieben in der Wohnung, in der er so viele Jahre gelebt und gearbeitet hatte. Ein paar Tage nach dem Einmarsch der Deutschen klopfte schließlich auch bei ihm die SA an die Tür, sie fragte nach dem „Jud Friedell“. Doch verhaften ließ er sich nicht, er sprang aus dem Fenster. Vorher soll er noch Passanten auf der Gentzgasse zugerufen haben: „Treten Sie zur Seite!“ Ähnlich tragisch sind auch viele Geschichten im Cottage ausgegangen. Auch in der Villa Strakosch, in der die Frau von Heinrich Schnitzler, Lilly, aufgewachsen war, stand die Gestapo vor der Tür. Ein beherzter Butler konnte noch mit einer Lüge ihre Mutter, Wally Strakosch, vor der Demütigung bewahren, sie zum „Straßenwaschen“ zu holen. Der Sohn ihres Mannes aus erster Ehe, Georg Strakosch, hielt dem Druck nicht stand und erschoss sich. Auch dort, wo sich Heinrich Schnitzler und Lilly kennengelernt hatten, in der Villa von Felix Salten, veränderte sich alles. Aber ein wenig zeitverzögert. Er musste sein Haus aufgeben, sein Archiv, sein Mobiliar. „Ein großer Teil meines Lebens wandert in den Papierkorb und ins Feuer", hatte Salten geschrieben. Noch bis Anfang 1939 wohnte er im Haus in der Cottagegasse 37, er war bis dahin von Repressalien noch verschont geblieben. Seine Tochter Anna Katharina war längst in der Schweiz. Sie bemühte sich um ein Visum für ihre Eltern, kein leichtes Unterfangen. Aber es gelang. Er flüchtete mit seiner Frau Ottilie nach Zürich. Auch Saltens Freund Richard Beer-Hofmann wurde aus seinem Haus in der Hasenauerstraße 59, der Villa, die Josef Hofmann gebaut hatte und die heute nicht mehr steht, vertrieben. Wie so viele andere, wurde sie arisiert. Das wertvolle Interieur des Hauses musste Beer-Hofmann zu Geld machen, für die „Reichsfluchtsteuer"; damit er emigrieren konnte. Als er im September 1939 Richtung USA aufbrechen wollte, erlitt seine Frau Paula einen Herzinfarkt. Ein paar Wochen später ein neuer Anlauf: In die Schweiz führte diesmal die Flucht, nach Zürich. Doch Paula Beer-Hofmann erlag schließlich ihrem zweiten Infarkt. Beer-Hofmann floh weiter, nahm ein Schiff von Genua in die USA, wo er 1945 in New York verstarb. Auch andere jüdische Familien aus dem Cottage-Netzwerk, das sich insbesondere rund um Arthur Schnitzler gespannt hatte, verließen das Land. Unter ihnen Paula Schmidl, die in der Türkenschanzstraße 48 gewohnt hatte, ihre Tochter war 1938 schon aufgebrochen, nach Palästina. Schmidl konnte 1941 ein Visum für die USA bekommen, floh nach New York, später übersiedelte sie zu ihrer Tochter nach Tel Aviv. Auch Hertha Pauli, die Schwester von Wolfgang Pauli, dem Physik-Nobelpreisträger, beide waren in der Anton-Frank-Gasse 18 aufgewachsen, musste fliehen. Sie hatte bis kurz zuvor die „Österreichische Korrespondenz", eine Schriftsteller-Agentur, die unter anderen auch Franz Werfel und Egon Friedell vertrat, in ihrer

Mansardenwohnung in der Weimarer Straße 31 betrieben. Sie flüchtete über die Schweiz nach Paris und weiter in die USA.

Die Villa Kuffner, am östlichen Rand des Cottage, wurde ebenso von den Nazis heimgesucht. Der Bauherr Wilhelm Kuffner war schon 1923 verstorben, seine Witwe Camilla wohnte noch 1938 mit ihrer jüngsten Tochter Marianne dort. Sie wurde wie ihre Schwester Hedwig in Auschwitz ermordet. Camilla Kuffner konnte sich in Sicherheit bringen und überlebte. Der Verein „Steine der Erinnerung" macht an manchen Stellen des Cottage die tragischen Geschehnisse während der Shoah im Stadtraum sichtbar. So auch in der Türkenschanzstraße. Dort hatte der jüdische Architekt Friedrich Schön seine Villa, die er selbst gebaut und an der Fassade mit seinen Initialen „FS" versehen hatte. Nach dem Anschluss war Schön im Cottage geblieben, er war damals schon über 80 Jahre alt. Nun erinnert auch eine Gedenktafel an jenen 23. November 1941, als Schön, seine Tochter Klara und Paula Juhn aus ihrer Villa deportiert wurden, nach Kowno in Litauen. Sechs Tage später wurden sie dort ermordet.

Exkurs 1:

Die Netzwerkerin und der Widerstandskämpfer

Auch wenn sich Kreise schließen, irgendwo haben sie dann doch ihren Anfang genommen. Für Homa Jordis liegt dieser in Teheran. Als Kind ging sie dort in den deutschen Kindergarten. Das machte ihr den nächsten Anfang ein wenig leichter. Inmitten einer anderen Sprache und Kultur. 1968 war sie mit ihrer Familie in einem Lkw geflüchtet. Nach Wien. Hier wurde sie warmherzig aufgenommen von zwei ledigen älteren Schwestern in einer Villa in Salmannsdorf. Inzwischen wohnt sie seit vielen Jahre in einer anderen Villa. In der Hasenauerstraße 61, gegenüber vom Türkenschanzpark. Ihre Biografie ist nur eine von vielen, die ihre Umlaufbahnen im Cottage und rund um das Haus ziehen, in dem sie wohnt. Dort, im „Blauen Haus", pflegte Jordis selbst ein paar Jahre einen Salon, den „Blauen Salon". Denn das Netzwerken hatte sie auch schon fasziniert bei einer Persönlichkeit, die sie so ausgiebig beforscht hatte: der Wiener Salonière Fanny von Arnstein. Eine Ex-Muslimin, die sich mit der Biografie einer berühmten Jüdin befasst: Allein das hatte familienintern für ein paar Diskussionen gesorgt, erzählt Homa Jordis. Jetzt hängt Fanny von Arnstein mit einem großen Porträtbild an der Wand in ihrem Wohnzimmer. In einem Haus einer Frau, die selbst ihr Netzwerk stets eifrig knüpfte, schon als Lokalpolitikerin; bereits mit 19 Jahren war sie jüngste Bezirksrätin in Währing. Fanny von Arnstein hat bei Jordis

Das blaue Haus in der Hasenauerstraße 61, gegenüber vom Türkenschanzpark, hat viel erlebt in seiner Geschichte.

einiges ausgelöst: vor allem aber ihre Begeisterung für Biografien. Auf ihren Namen war sie zufällig gestoßen, am Jüdischen Friedhof in der Semperstraße. An diesen Apriltag, an dem sie die Namen „Arnstein" und „Eskeles" auf den Grabsteinen las, kann sie sich noch gut erinnern. Seitdem stürzt sich Jordis gerne in Recherchen und Zusammenhänge, die sie akribisch in Archiven erstellt, folgt biografischen Linien und Kurven, die sich unerwartet an ganz anderer Stelle zum Kreis schließen. Wie in ihrem eigenen Haus, wo sie von ihrem zweiten Ehemann einst beiläufig erfuhr, dass Fanny von Arnstein eine Ahnin von ihm war. Beim Historiker Wolfgang Duchkowitsch am Institut für Publizistik schrieb Homa Jordis schließlich ihre Dissertation über Fanny von Arnstein. Das hat ihr Faible für Biografien nur weiter angestachelt. Vor allem für jene, die ihre Linien quer durch ihr Haus gelegt haben. Wie die der jüdischen Familie Rainer. Diese ließ das Haus 1921 bauen, von einem jüdischen Architekten, Felix Angelo Pollak. Die Familie wurde in der Nazizeit vertrieben so wie viele andere, ihre Villa arisiert. Und der nächste Besitzer dürfte sie um einen Spottpreis erworben haben. Er war einer, der zunächst vom Nationalsozialismus zu profitieren schien, aber schließlich gegen das Regime arbeitete: Franz Josef Messner. Auch in dessen Biografie hat sich Homa Jordis in den letzten Jahren hineingestürzt. Seit 2019 erinnert eine Gedenktafel, gestiftet vom Museumsverein Währing, am Haus Hasenauerstraße 61 an Messner und sein Schicksal. Und das aus gutem Grund.

Franz Josef Messner stammte aus Brixlegg in Tirol. Er besuchte die Hochschule für Welthandel in Wien am Rand des Cottage-Viertels. Er heiratete seine Frau Franziska, mit der er später auch in der Hasenauerstraße 61 wohnte. Mitte der 1920er-Jahre verschlug es ihn nach Brasilien, dort handelte er mit Kaffee, wurde später sogar brasilianischer Konsul in Wien und brasilianischer Staatsbürger. 1939 brach er dann mit seiner Frau in einem Zeppelin nach Brasilien auf. Damals fühlte er sich unter Druck, vor allem vonseiten eines fanatischen Anhängers der Nationalsozialisten in seiner Familie. Zu jenem Zeitpunkt war Messner schon Generaldirektor bei Semperit, des Reifenherstellers, der sein Werk in Traiskirchen in der Nähe von Wien hatte.

Aber schon nach sechs Monaten kam Messner wieder aus Brasilien zurück. Im Gepäck hatte er sogar 3.000 Tonnen Naturkautschuk, aber die Ladung schaffte es nicht bis nach Europa. Seine Arbeiter wollte er nicht im Stich lassen, wie er selber einmal angegeben hat. Der Rückweg war auch kein direkter und kein einfacher: Auf einem italienischen Dampfer geriet er in französische Kriegsgefangenschaft, diese führte ihn nach Casablanca. Deutsche Truppen befreiten ihn dort. Messner gelangte zurück nach Wien und wohnte wieder in der Hasenauerstraße 61. Ab Mitte August 1940 arbeitete er erneut als Vorstand der Semperit, wo er sich auch für die Verbesserung der Arbeitsbedingungen der Mitarbeiter engagierte.

Nicht weit von der Hasenauerstraße in Währing hatte sich während des Nationalsozialismus ein Widerstandskreis formiert: eine kleine Gruppe rund um den Kaplan von Gersthof, Heinrich Maier. Er kannte Messner schon seit 1936 und hatte sich auch regelmäßig mit ihm getroffen. Durch ihn lernte Messner auch die Konzertpianistin Barbara Issakides kennen, die seine Geliebte werden sollte. Wie auch seine Spionage-Komplizin. Rund um sie bildete sich jener Kreis, der später als „Maier-Messner-Caldonazzi-Gruppe" in die Geschichte der Spionage und des österreichischen Widerstands eingehen sollte. Messner, in seiner Position, war bestens vernetzt. Mit Industrie, Wirtschaft und Finanzwelt. Und seine Rolle als Konzernchef ermöglichte ihm auch etwas Wesentliches: zu reisen. Genauso wie Issakides es als Künstlerin konnte. Sie traten in Kontakt mit dem amerikanischen Geheimdienst OSS (Office of Strategic Services), der auch Außenstellen in Zürich oder etwa Istanbul unterhielt. Ihm lieferte Messner Informationen. Vor allem zu Rüstungsbetrieben, aber auch zur V2-Raketenproduktion sowie Fabriksstandorten in Österreich. Heinrich Maier gab später bei der Einvernahme durch die Gestapo zu Protokoll: „Wir hatten gehofft, weitere Luftangriffe auf österreichische Städte zu verhindern und dass dadurch die anderen Industrien, die wir nach dem Kriege unbedingt brauchten, sowie die Zivilbevölkerung verschont blieben (...)." Man hätte sich besprochen, welche Standorte man preisgeben wolle und „wir fassten Betriebe in Steyr sowie in

Wiener Neudorf und Wiener Neustadt ins Auge". Messner traf sich mit Kontaktmännern in Zürich und Istanbul. Man wollte auch einen Sender nach Österreich schmuggeln, um direkt mit dem Geheimdienst Kontakt aufnehmen zu können. Am 19. März 1944 nimmt Messner in Budapest einen Sender und einen großen Geldbetrag in Empfang. Dabei wird er verhaftet. Die Widerstandsgruppe wurde verraten. In diesem Zusammenhang könnte ein hochrangiger Semperit-Angestellter eine Rolle gespielt haben, Sigismund Romen. Schon öfter in den Jahren zuvor hatte er Messner angeschwärzt und seine anti-nationalsozialistische Haltung gegenüber Behörden angedeutet. Nach der Verhaftung von Messner wird auch das Haus in der Hasenauerstraße beschlagnahmt. Bizarrerweise ließ später der berüchtigte Gestapobeamte Heinrich Sanitzer gerade in diesem Haus auch amerikanische und britische Fallschirm-Agenten inhaftieren. Am 28. Oktober 1944 standen zehn Angehörige der Maier-Messner-Gruppe vor Gericht, acht wurden zum Tode verurteilt und hingerichtet. Der Gersthofer Kaplan Heinrich Maier wurde am 22. März 1945 hingerichtet, Franz Josef Messner am 23. April in die Gaskammer im Konzentrationslager Mauthausen geschickt. Wenige Tage bevor das Lager befreit wurde.

Die Fäden dieser Schicksale und Biografien, die an dem Haus hängen, in dem sie wohnt, hat Jordis erst vor ein paar Jahren entdeckt. Akribisch hat sie sie zurückverfolgt zu den Quellen, die sich ihr erschlossen. Und längst ist ihre eigene Biografie auch eng mit dieser Adresse verbunden, seit 1980, als ihr erster Mann das Haus kaufte. Ihr Leben in Wien hatte 1968 begonnen. Nach ihrer Flucht mit dem LKW über die Türkei nach Wien. Der persische Botschafter vermittelte die Familie in eine Döblinger Villa, wo sie aufwuchs. Zwei ledige ältere Schwestern kümmerten sich rührend um das „Kindilein", wie sie es nannten. Am Stadtrand Wiens wurde sie zur „Bäuerin", wie Jordis sagt. Und bereits in ihrer Kindheit hat sie sich in den Rhythmus der Natur eingeschwungen. „Ich spüre auch heute, wenn die Pilze da sind", erzählt sie über ihre Leidenschaft, mit der sie sich auch schon als Buchautorin mehrfach befasste. „Vielleicht komme ich auch deshalb mit vollen Körben mit Steinpilzen zurück, vom Sammeln im Wienerwald, wenn andere gar nichts finden." Ihre Kindheit hat ihr das Naheverhältnis zur Natur injiziert: Im riesigen Garten der Villa in Salmannsdorf lernte sie Ziegen melken, Eier haltbar machen, Kräuter erkennen, Baumrinden unterscheiden. Wachteln, Hunde, Katzen, Hühner – alle möglichen Tiere liefen da herum. Und daneben tauchte sie noch in eine andere Welt: Dort lagen die Romane von Dostojewski und Schönschreibhefte, die sie akribisch mit Buchstaben befüllte. Inzwischen befüllt sie Bücher nicht nur mit ihrer Pilz-Expertise, sondern genauso mit Inhalten, die sie in Archiven aufstöbert. Auch mit der Geschichte des Hauses, in dem sie wohnt, begann sie sich schließlich zu befassen. Danach initiierte sie die Gedenktafel, die in den Stadtraum hinaus erzählt, welch spektakuläre und tragische Biografie auch hier durchs Haus geweht ist.

Bomben auf das Cottage

Das soziale Geflecht war pulverisiert. So viele Familien waren schon zersprengt. Dann erst fielen die Bomben. Über dem Kahlenberg waren die Flieger zum ersten Mal aufgetaucht. Und sie sollten regelmäßig wiederkommen. Auch wenn sie vielleicht die Fabriken in Floridsdorf im Visier hatten oder andere Ziele, kaum sahen sie die Stadt unter ihren Flügeln, ließen die Bomber ihre Ladung auf Wien los. Und die Bomben rissen auch im Cottage-Viertel Mauern, Balkone, Terrassen, Wände und oft

Auch die Wirren und Bomben des Zweiten Weltkriegs hat das Haus der Familie Foerster überlebt. Im Gegensatz zu den Nachbarhäusern.

genug ganze Häuser weg, sie sprengten Gräben in die Gärten und in die Straßen. Und wenn die Balkone noch nicht eingestürzt waren, konnten die Bewohner des Cottage von dort aus das Riesenrad im Prater brennen sehen. So berichtet es etwa auch Harald Braun, der vor über 80 Jahren in dem Haus geboren wurde, in dem zuvor Felix Salten als Mieter gewohnt hatte. „Von dem Haus gegenüber stand plötzlich nur noch die Hälfte", erzählt Braun, „wie ein riesiges Puppenhaus ist es uns Kindern damals vorgekommen." Das Mobiliar und Interieur der Villa lag verstreut im Garten. Braun schnappte sich als kleiner Bub kurzerhand ein paar Fetzen vom echten Perserteppich, um damit sein Iglu auszulegen, das er sich im Winter gebaut hatte, so erinnert er sich. Wenn der Fliegeralarm tönte, rannte die

So schlicht, dass man dem Haus in der Cottagegasse das Alter gar nicht so sehr anmerken will: Die Familie Foerster wohnte hier seit Anbeginn.

Nachbarschaft in den Türkenschanzpark. In den Tunnels der Vorortelinie suchten die Menschen Schutz. Auf einem Gleis waren Pritschen aufgestellt. Auf dem anderen fuhren die Züge vorbei.

Oder, so erinnert sich Harald Braun, man suchte Unterschlupf im Haus an der Ecke Anastasius-Grün-Gasse und Weimarer Straße. „Das hatte einen großen Keller", erzählt Braun. In den Schutzraum gelangte man über einen langen, finsteren Tunnel. Nach einem heftigen Angriff machten die Versteckten die Tür wieder auf und blinzelten in die Sonne. Das Haus war plötzlich weg. Jenes, in dem Harald Braun aufgewachsen war, in der Cottagegasse 37, kam glimpflich davon. Nur die Fensterscheiben waren überall geborsten. „Die hat man mit Pappkarton abgeklebt und später zitzerlweise repariert. Es gab ja kein Glas", erinnert sich Braun.

Auch das Haus in der Cottagegasse 44 zitterte unter den Bombenangriffen. Dort wohnte die Familie Foerster. Und über Generationen lebt die Familie Foerster bis heute noch dort. Gerhard Foerster, der auch einige Jahre Funktionen beim Wiener Cottage Verein innehatte, lebte in dem Haus als kleiner Bub. 1944 war er sechs Jahre alt, sein Vater war im Krieg in Russland. Die Familie verließ das Haus, um Schutz und Unterschlupf auf dem Land zu suchen. Was in jener Zeit viele Familien mit Kindern ebenso machten. Gerhard Foerster landete in Altmünster in Oberösterreich. Als sein Vater aus dem Krieg zurückkehrte, fand er sein Haus im Cottage ziemlich desolat vor: Eine Bombe hatte eine ganze Außenwand umgerissen. In Eigenregie, mit Bauschutt und Ziegeln aus der Nachbarschaft, behob Gerhard Foersters Vater die Schäden. Der Holzbalkon samt Balustrade, der schmuckvoll an der Fassade gehangen war, war weggebombt. Doch die Nachbarhäuser hatte es deutlich ärger erwischt. Die Nummer 42: weg. Die Nummer 40: zur Hälfte eingestürzt. 1948 kehrte Gerhard Foerster vom Land zurück ins Cottage-Viertel. Im Haus der Familie waren inzwischen noch zwei andere Wohnparteien einquartiert, die in dem Haus bis in die 1990er-Jahre wohnen sollten. Foerster selbst wohnte im Haus, bis er 1967 seine Frau Brigitte heiratete, eine Ärztin. Als das Haus in den 1990er-Jahren frei wurde, kehrte Foerster zurück. Und plötzlich war es wieder gänzlich das, wofür es anfangs gebaut, geplant und konzipiert worden war: ein Haus für eine Familie. Auch wenn heute drei Generationen unter einem Dach wohnen. „Es war nicht immer leicht, es zu halten", erzählt Gerhard Foerster. „Wir haben viel Geld hineingesteckt, aber man sieht es dem Haus nicht unbedingt an."

Doch das Haus ist gemeinsam mit der Familie Foerster in der Gegenwart angekommen. Heute sieht es so schlicht aus, dass man es viel jünger schätzen würde, wenn man an ihm vorbeigeht in der Cottagegasse. Gebaut wurde es schon um das Jahr 1880, nach den Plänen der Cottage-Baukanzlei, die Carl Borkowski leitete. So wie die meisten Häuser damals. Ein Brunnen im Vorgarten, das gehörte zum Konzept. Ein großes Zimmer im ersten Stock, der Salon nach Norden. Ein Raum für Dienstmädchen und Köchin im Keller. Ein ganz normales „Familien-Cottage" also aus den Ursprungstagen des Villen-Projekts. Zwei große Koksöfen heizten das Haus, Gaslicht erhellte es und die Möbel waren aus schwerer Eiche. So ließ es sich Gerhard Foerster von seinem Vater erzählen. Die Eingangstür, so hatte er auch berichtet, stand meistens weit offen, damit sich die Passanten bei Regen dort unterstellen konnten.

Seit jenen frühen Jahren haben sich die Biografien der Familie Foerster ganz eng mit diesem Haus verwoben. So wie es in vielen anderen Villen der Gegend ebenso geschehen ist. Vierköpfig war die Familie, als der Urgroßvater Friedrich Wilhelm Foerster hier einzog, Bedienstete nicht eingerechnet. Heute sind es sechs Köpfe, die dort wohnen, drei Generationen unter einem Dach. In den 1880er-Jahren herrschte noch so etwas wie „Goldgräberstimmung", erzählt Gerhard Foerster. Man spürte, dass man es weit bringen könnte. Mit den richtigen Ideen zur richtigen Zeit.

Und Urgroßvater Friedrich Wilhelm schien rechtzeitig dran gewesen zu sein: Mit 24 Jahren dachte er schon, dass die Zeit reif war. Nämlich Teilhaber zu sein bei dem Unternehmen „Gebrüder Böhler & Co". So wurde Foerster Teil einer Erfolgsgeschichte. Die Firma wurde zum Weltkonzern. Innerhalb weniger Jahre. Gegründet wurde sie 1870 als „ein Geschäft zum ausschließlichen Vertrieb der steyermärkischen Stahlsorten". Später hatte das Unternehmen Produktionsstätten in ganz Europa und Niederlassungen in aller Welt. „Diese jungen Burschen haben innerhalb von wenigen Jahren einen Weltkonzern auf die Füße gestellt", zollt Gerhard Foerster Anerkennung. Jeden Tag stand der Fiaker vor der Tür in der Cottagegasse 44, um den Urgroßvater in die Stadt zu bringen. Doch nach ein paar Jahren war dieser schon wieder ausgestiegen aus dem Böhler-Konzern. Der machte viel Profit mit Kriegsgerät, das konnte Friedrich Wilhelm Foerster mit seinem Gewissen nicht vereinbaren. Über den Ersten Weltkrieg schließlich ist auch wie in vielen anderen Familien im Cottage das Vermögen zerronnen vor lauter Umbrüchen und Kriegsanleihen.

Gerhard Foerster, der Urenkel, machte selbst auch Karriere. Vom Lehrling der Radiotechnik zu einigen Leitungsfunktionen. Eine Fabrik von Philips durfte er leiten, aber auch die Entwicklungsabteilung für Videorekorder. Danach einen Studiengang an der späteren FH Technikum Wien, jenen für Elektronik. Nicht nur die Medientechnik hat sich gewandelt, das ganze Cottage-Viertel ist heute auch ein anderes. Die neuen Häuser sind deutlich größer als jene, die explizit für eine Familie gebaut worden waren. Die Kubaturen machen sich deutlich wichtiger im Straßenbild, die Fassaden dafür halten sich gestalterisch nicht mit Linien auf, die nicht unbedingt notwendig wären. Mit zwei Stockwerken maximal waren die „Cottages" in der Anfangszeit definiert. Inzwischen stapeln sich manchmal bis zu fünf Wohnebenen übereinander. In vielen Villen wohnen inzwischen auch mehrere Familien in verschiedenen Wohnungen. Und auch das Beziehungsgeflecht zwischen den Bewohnern ist nur mehr lose geknüpft. Man grüßt sich auf der Straße, wenn man sich kennt, erzählen Gerhard und Brigitte Foerster. Aber bekannte Gesichter, denen man quer über die Straße zuwinken könnte, sind rar geworden. Der Modus der sozialen Interaktion ist ein völlig anderer. Brigitte Foerster erinnert sich, wie man in den 1950er- und 1960er-Jahren beim Einkaufen noch ins Gespräch gekommen ist. Spätestens, wenn man sich anstellen musste in den Geschäften. Von denen gab's auch noch einige: Gemüse-, Fleisch-, Drogeriehandlung – alles war da im Grätzel. Nach Hause kam man damals mit Waren und den Neuigkeiten aus der Nachbarschaft. Auch die Wirtshäuser der Umgebung waren beliebte soziale Orte. Bei manchen Lokalen mit Kastanienbaum-Schanigarten und Kegelbahn geraten ältere Cottage-Bewohner noch ins nostalgische Seufzen. Besonders viele aus dem Viertel trauern um den „Türkenwirt", die Adresse Peter-Jordan-Straße 76 schmückte ein hübscher Spätgründerzeit-Hauskomplex mit markantem Eckturm samt Freimaurer-Symbol darauf. Die Initiative Denkmalschutz hatte 2015 eine Petition für den Erhalt gestartet, auch der Wiener Cottage Verein hatte sich stark engagiert. Vergebens. Heute steht dort, wo einst ein Gastgarten war, in dem auch die Studierenden der Universität für Bodenkultur (BOKU) gerne saßen, ein Institutsgebäude der BOKU, das von alten Zeiten nichts übrig ließ als nur den Namen.

Doch eine der Ursprungsideen des Cottage Vereins funktioniert dafür noch immer: der Grün-Effekt. Um das zu spüren, muss man nur einmal im Haus der Familie Foerster aus dem Fenster schauen, nach hinten hinaus, nach Norden. Dort könnte man die Stadt sehen, wenn sie sich nicht hinter dichtem Grün verborgen hätte. Hier blickt man zwar auf einen Garten, hat aber den Eindruck von „Park". Weil hier, so wollte es das Konzept ganz ausdrücklich, vier Gärten aneinanderstoßen und dadurch eine umso größere grüne Fläche bilden. Eine, die den Eindruck und die Wirkung des Grüns gleich noch einmal multipliziert. Hier hinter den Häusern ist das Cottage tatsächlich und umso mehr Gartenstadt. „Eine geniale Idee war das", findet Gerhard Foerster. So hoch können seine Enkelkinder auf dem Trampolin draußen gar nicht springen, dass die Augen die Wipfel der Bäume überblicken. Früher, erinnert sich Gerhard Foerster, hat man vom oberen Stockwerk noch auf den Prater schauen können. Irgendwie scheint es, als wäre das Cottage, trotz aller Veränderungen, auch erst 150 Jahre nach der Gründung des Vereins bei manchen Punkten seines Konzeptes so richtig angekommen. Wie etwa beim Thema „Gartenstadt".

Im Herbst legt das Cottage für ein paar Monate sein grünes Kleid ab und macht die Häuser wieder sichtbarer.

Ankunft in der Gegenwart

Gerhard Foerster will die Geschichte seines Hauses jedenfalls weitertragen. Recherchiert dazu hat er seit seiner Pensionierung ohnehin schon allerlei. „Ich empfinde es als eine gewisse Verpflichtung auf das Haus zu schauen und auch den Cottage-Gedanken weiterzutragen", meint er. Auch wenn vielleicht manchen neuen Bewohnern nicht allzu viel einfallen würde zur Ursprungsidee. Auch weil vieles davon weggebröckelt ist. Zu stark waren die Kräfte, die da auf das Cottage eingewirkt haben. Zu brachial allein der Krieg und der Nationalsozialismus, der die Gegend erschüttert hatte. Im Zweiten Weltkrieg verlor das Viertel viele seiner Menschen, seine Community, sein dichtes Netzwerk an sozialen Beziehungen. Und viele Familien verloren ihr Dach über dem Kopf. Auch viele Häuser büßten so einiges ein: den Schmuck, den Dekor und die Zierelemente, die ihre Physiognomie oft so charakteristisch gezeichnet hatte. Vieles davon riss die Sprengkraft der Bomben weg. Manches wurde nach dem Krieg von den Fassaden abgeschlagen. Und die neuen Häuser hielten sich mit ihrem Äußeren ohnehin nicht lange auf. Die Bauten hatten in der Nachkriegszeit Vielerlei zu erledigen. Schließlich war Wohnraum knapp, in vielen Villen wurden mehrere Wohnparteien einquartiert, viele Häuser in mehrere Wohnungen unterteilt. Die Architektur war wieder hauptsächlich dafür zuständig, dass die Häuser funktionierten. Und als die Wirtschaft allmählich in die nächste Gründerzeit Wiens eingerollt war, diente die Architektur erst recht wieder vertrauten Aufgaben: der Rendite. Was schon Heinrich Ferstel mehr als hundert Jahre zuvor kritisiert hatte. Auch die Gärten stutzte man in der zweiten Hälfte des 20. Jahrhunderts wieder zurück, auf kleinere Flächen und auf nicht ganz so üppig. Manche Villen blieben nach dem Krieg lange leer, weil durch Arisierung ganze Familien weltweit versprengt worden waren. Andere Häuser verwahrlosten. Wie auch die Villa Beer-Hofmann in der Hasenauerstraße 59. „Devastiert“ war sie zwar, wie das Buch „Stadtbildverluste Wien“ es beschreibt, aber die Bausubstanz war intakt, als sie schließlich 1970 abgerissen wurde. Dabei war das „Bewahren“ und „Schützen“ bis in die Gegenwart Teil des Cottage-Projektes. Schließlich hatte man dafür ebenso die „Cottage-Servitute“ installiert. Sie wirken noch bis in die Gegenwart im Cottage. Und haben sich noch an ganz anderer Stelle in der Stadtgeschichte Wiens niedergeschlagen: nämlich im Bundesdenkmalschutzgesetz, das 1923 ausformuliert worden war. Oder auch in der Wiener „Altstadterhaltungsnovelle“ aus dem Jahr 1972. Seitdem kann die Stadt nämlich auch ganze Ensembles zu „Schutzzonen“ erklären. Das Cottage-Viertel war natürlich bald einer der ersten Kandidaten dafür. Heute sind sowohl der Währinger als auch der Döblinger Teil des Cottage als Ensemble geschützt. Seitdem müssen sich neue Häuser, Um- und Zubauten auch ein wenig fügen in die Stadtmorphologie, die sich im Cottage so charakteristisch ausgeprägt hat. Und auch für das Abreißen von Häusern braucht man schon sehr gute Gründe, theoretisch. Doch der Schutzschirm der „Schutzzone“ blieb zahnlos und in der Praxis oft genug wirkungslos. Und der bauliche Wandel fiel an manchen Ecken dann doch recht brachial aus, wie der Wiener Cottage Verein regelmäßig in Aussendungen feststellte. Wenn der Verein auch viele Veränderungen nicht aufhalten kann, versucht er trotzdem selbst eine Konstante zu sein. Eine, die das Viertel auch noch 150 Jahre nach der Vereinsgründung zusammenhält. Ästhetisch, städtebaulich, aber auch sozial als Community. Denn der beste Schutz für die Qualitäten des Viertels, effektiver als jedes Cottage-Servitut oder jede Schutzzonen-Verordnung, ist das Bewusstsein der Bewohner: Dass man nämlich in einer nach oben offenen Schatzkiste wohnt. In der viele Häuser die Juwelen sind, viele Gärten die Perlen und die Alleen die schmucken Ketten, die all das aneinanderfädelt. Genau deshalb triggert das Cottage-Viertel noch heute atmosphärisch das Gefühl, dass hier Wien noch ein wenig in sich selbst versunken ist. In einer mehr oder weniger romantisierten Vergangenheit, die durch die grüne Watte der Gärten und Bäume frisch gehalten wird. Deshalb ist das Cottage vielerorts tatsächlich noch so wie damals. Nämlich ein Gegenentwurf zu all dem, was Wien sonst noch so ist. Vom grauen Gewerbegebiet über monotone Wohnhausanlagen bis zur hektischen Straßenkreuzung. Ein Modell vom „Wiener Schöner Wohnen", das sich heute über mehr als einen Quadratkilometer spannt. Innerhalb der Grenzen, die der Wiener Cottage Verein 1994 für das Viertel fixiert hat: Ungefähr 620 Gebäude stehen hier und über 8.000 Menschen leben heute darin. Innerhalb der Grenzen, die folgende Straßenzüge durch den 18. und 19. Bezirk ziehen: Gymnasiumstraße, Haizingergasse, Edmund-Weiß-Gasse, Severin-Schreiber-Gasse, Hasenauerstraße, Gregor-Mendel-Straße, Peter-Jordan-Straße, Dänenstraße, Hartäckerstraße, Chimanistraße und Billrothstraße.

3

Wien entdeckt seinen Rand

Noch vor ein paar Jahren hatte man gar nicht auf diesen Abhang geschaut. Auch die Sommerfrischler und Tagesausflügler hatten die Türkenschanze links liegen lassen. Oder stadtauswärts gesehen, auf dem Weg nach Gersthof oder wohin man unterwegs war, eher rechts. Da war lange nicht allzu viel, was einen beeindruckt hätte. Nur Schotter und Klee. Damit war wenig anzufangen, außer man war Bauunternehmer oder mochte Klee. Jedoch in den letzten zwei Jahrzehnten des 19. Jahrhunderts schaute man vom dichten Zentrum Wiens doch regelmäßig hinauf in diese luftige Gegend. Auf das, was rund um die Türkenschanze geschah und schon geschehen war. Da hatten sich ein paar Menschen, ein Verein vor allem, eine Situation geschaffen, die Wien so auch noch nicht gekannt hatte. Und manche bezeichneten diese schon in den 1880er-Jahren, so vom Inneren der Stadt aus betrachtet, als durchaus beneidenswert. Wie etwa die Wiener Bauindustrie-Zeitung, die in einem Kommentar aus dem Jahr 1883 voller Begeisterung Rosen streute: „Die Bewohner dieser reizvollen Anlage genießen

Der Blick von der Türkenschanze auf Wien, wie ihn der Landschaftsmaler Jakob Schufried im Jahr 1818 sah.

mithin in der nächsten Nähe der Hauptstadt die Annehmlichkeiten der Sommerfrische und verdanken dies der günstigen Lage, in der die Ansiedlung situiert ist." Der Lagevorteil des Cottage war klar: Es war das „Draußen". Und in jener Zeit war die Türkenschanze noch ein klarer Fall von draußen. Administrativ gesehen sowieso. Das sollte sich erst 1892 mit der Eingemeindung von Währing und all den anderen Vororten wie Gersthof, Weinhaus oder Pötzleinsdorf ändern. Aber das „Draußen" definierten weniger die Gemeindegrenzen als die Atmosphäre: Das „Draußen" war spürbar. Für alle, die vor Ort im Cottage waren und auf die dichte Stadt aus sicherer Distanz hinunterblickten, auch in einer Art von Befreiung. Von all dem, was sonst so visuell, akustisch und olfaktorisch auf einen in der Stadt einprasselt.

Wien musste sich sein „Drumherum" aber trotzdem erst erarbeiten, entdecken, wie man davon profitieren könnte. Außer in Form von Obst, Wein, Feldfrüchten und Schotter, den man für das nächste Stadtpalais ganz dringend brauchte. „Die Sehnsucht nach dem Landleben ist ja eine der stärksten Empfindungen des Städters", urteilte Joseph August Lux in seiner Publikation „Das Moderne Landhaus". Doch um das so stark zu spüren, musste Wien schon eine Zeit lang mittendrin liegen, zwischen Wienerwald und Donauauen. Denn mehr als zarte Annäherungsversuche zwischen Stadt und Land waren es kaum in den ersten paar Jahrhunderten der Koexistenz von Wien und Nicht-Wien. Erst als die Stadt so richtig staubte, stank und vor sich hindünstete, schaute Wien über seinen Tellerrand, der der Linienwall war. Wien war zur Riesenbaustelle geworden. Und jeder Hinterhof zum Miniatur-Moloch, in dem das Gewerbe fleißig den Fortschritt befeuerte. Dabei lag doch die idyllische Gegenthese geradezu wortwörtlich vor den Toren der Stadt. All das Grün, die Frische, die Weite, die Ruhe lag wie selbstverständlich da. Liebevoll ausmodelliert von der Natur zu einem riesigen Erholungsraum, der Wien umgab. Die Wälder hätte man bald verheizt, wenn nicht Josef Schöffel seine berühmte Kampagne zur Rettung des Wienerwaldes gestartet hätte. Aber immerhin: so viel Lieblichkeit, geschwungene Täler und plätschernde Bäche – nur eine Kutschenfahrt entfernt. Die Stadttore führten hinaus. Die Ausfallstraßen auch. Die Wiener mussten ihnen nur noch folgen.

Wien und sein Drumherum: eine Beziehung

Wien und Nicht-Wien, das war eine wechselvolle Beziehung. Schon die Befestigungsanlagen signalisierten viele Jahrhunderte: Wir sind Wien. Und ihr da draußen seid es nicht. Wien forcierte die klaren Grenzen, ganz offensichtlich. Allein aus militärischen Gründen. Und aus steuerlichen noch dazu. Jedoch der Kern der Stadt erkannte irgendwann: Er braucht den Rand. Sonst wäre er auch nicht der bedeutsame Kern. Jedenfalls konnte Wien lange mit der Dichotomie „Innen-Außen" gut leben. Bis Wien nicht mehr winzig war. Die Industrialisierung dampfte an. Wien lief aus, in alle Himmelsrichtungen, die das topografisch zuließen. Eine Stadtlandschaft, als hätte man sie ausgeschüttet. So schluckte Wien Felder, überflutete Gärten, kroch in die hintersten Täler und schlängelte sich in Bächen auf ihre Quellen zu. Aber in den meisten Fällen kam Wien ganz anders angerückt: mit der Brechstange. Und das waren in diesem Fall Lineal und Zirkel. Die Stadt rasterte sich im Schachbrettmuster in seine Umgebung. Wie auch auf der Türkenschanze, in Form des Cottage-Viertels. Früher hatten sich die Wiener kaum für die Landschaft interessiert. Jetzt eroberten sie sie kurzerhand. Auch indem sie die Techniker und Ingenieure mit Schienen und Infrastruktur einfach einmal vorausschickten. Oder auch: einen Parzellierungsplan.

Im 19. Jahrhundert war viel los. In Wien und im Nicht-Wien. Drinnen wirbelte der Fortschritt alles durcheinander. Und drumherum führte plötzlich eine Hochquellwasserleitung mitten in die Stadt, beruhigte sich die Donau, weil man sie baulich zähmte, und so nebenbei wurde der Ausflug zum Standardprogramm von Städterinnen und Städtern. Die Sommerfrische, sie war ohnehin schon längst entdeckt worden. Von jener Schicht, die Zeit und Budget hatte so etwas überhaupt zu entdecken: dem Adel. Dieser fand so einiges schön, womit sich das reiche Bürgertum erst mühsam anfreunden musste; wie etwa aufs Land zu fahren. Oder: die Natur zu genießen. Der Adel hatte zu diesem Zweck rechtzeitig seine Sommerpalais in die Umgebung Wiens gestreut und Alleen angelegt, sodass man gemütlich hin- und herkutschieren konnte. Doch was für ein Privileg, über das die Adeligen da verfügten: Die Zeit, überhaupt irgendwohin fahren zu können, wohin sie gar nicht unbedingt mussten. Und dazu hatten sie auch noch das nötige Geld. Der Adel hatte beides. Und den meisten Wienern fehlte es an beidem – Zeit und Geld. So waren sie gefangen in ihrem engen Radius. Natürlich reichte es, um dann und wann vor die Stadttore zu gehen. Vor allem seitdem Joseph II. netterweise den Prater und den Augarten für das „Volk" geöffnet hatte. Das Glacis vor den Stadtmauern hatte er auch zum Naherholungsraum upgegradet: mit Alleen, Laternen und einem Wegenetz, auf dem die Wiener kurz einmal aus der Enge ihres Alltags hinausspazieren konnten. Doch ansonsten lag das Wiener „Drumherum" wild, idyllisch und unbeteiligt vor der Residenzstadt. Als würde es warten, was dereinst mit ihm passieren sollte.

Was nicht fußläufig erreichbar war, war unerreichbar. Das Konzept „Freizeitmobilität" war überhaupt noch nicht erfunden. Mangels Freizeit einerseits. Und mangels Mobilität andererseits. Irgendwann rollten dann doch verschiedene Verkehrsmittel in den Alltag der breiten Masse ein. Die Ambitionen waren danach gleich umso größer. Das Volk nutzte den Zeiserlwagen für eine Fahrt ins Grüne. Im 19. Jahrhundert steuerten bereits Stellwagen in fixen Linien regelmäßig Ziele in der Wiener Umgebung an. Fröhliche Landpartien formierten sich da, die abends wieder zurück in den Moloch führten. Schließlich hatte die Landschaft rund um Wien Karriere gemacht: zuerst als Privileg einzelner, später der Sehnsuchtsort fast aller. Und noch später als etwas, was Ärzte gegen Ende des Jahrhunderts aus hygienischen Gründen dringend empfahlen. So schwappte Wien irgendwann also kollektiv hinaus. In fixen Zyklen. Sonntags, feiertags, im Sommer. Und abends und im Herbst zwangsläufig wieder zurück.

Auch die Familie von Arthur Schnitzler pflegte die „Landpartien". Als Bub mochte er die Ausflüge nicht gar so gerne. Vor allem nicht jene, die sein Vater beruflich unternahm. Viele Stunden war der junge Arthur in der Kutsche gesessen und rumpelte mit: hinaus ins Grüne, zu den Patienten des Vaters, die sich auch im Sommer auf ihre Landsitze nach Hietzing, Dornbach und Kaltenleutgeben zurückgezogen hatten. Die Familie musste vor der Tür warten. Bis man mit dem Fiaker wieder zurückrumpelte in die Stadt. Doch für Arthur Schnitzler und die Natur war es wie für Wien und sein Drumherum: Es war eine langsame Annäherung. Zunächst war eher das Café Griensteidl Schnitzlers bevorzugtes Habitat. Sein Leitsatz eher der: „Ein echter Jud gehört ins Kaffeehaus." Um einem berühmten Prinzip aus der Tante Jolesch zu folgen, „nicht daheim und doch nicht an der frischen Luft" zu sein. Bis Schnitzler das Umland Wiens für sich entdeckt hatte, legte sich noch viel Stadtstaub auf dem Weg ins Kaffeehaus auf die feine Kleidung des Bürgertums. Schließlich wurde ja „Wien gerade zur Großstadt demolirt", wie Karl Kraus satirisch angemerkt hatte, nachdem sein Stammcafé, auch das Griensteidl, vorübergehend schließen musste. Doch später war Schnitzler ebenfalls dort angekommen, wo der Rest der Wiener scheinbar schon längst mit dem Picknickkorb kreiste: im Grünen, in der Landschaft und in der Natur. Noch Jahre bevor Schnitzler schließlich auch wohnen sollte in jenem Viertel, das um das Merkmal „urbane Sommerfrische" beneidet wurde: dem Cottage. Das Grün und der Spaziergang, beides kettete sich eng an die letzte Etappe von Schnitzlers Wohnbiografie. Die Sternwartestraße 71. Gesucht nach einem geeigneten Haus hatte er schon lange zuvor. Dafür war Schnitzler auch durch die Sommerfrische-Vororte unterwegs: Mauer, Rodaun, Perchtoldsdorf. Um sich nach geeigneten Objekten umzusehen. Und dabei hatte er noch etwas anderes für sich entdeckt: Ein Vehikel, das nicht nur seinen Radius deutlich erweiterte, sondern auch die Wahrnehmung der Landschaft veränderte: das „Bicycle". Ein Gefährt, das Schnitzler ähnlich begeisterte wie auch Theodor Herzl, der wie er – wenn auch nur kurzfristig – im Cottage wohnte.

Hinaus ins Grüne

Das Rad – oder wie man es Endes des 19. Jahrhunderts nannte – das „Velociped" oder das „Bicycle": Es war eine Art Befreiung. Aus der urbanen, fußgängerischen Zwangslage. Doch vor dem Individualverkehr kam noch die kollektive Erlösung: Sie kam angedampft in Form der Eisenbahn. Auf ihren Schienen kamen die Massen in Bewegung. Selbst in bis dahin ungeahnte Richtungen. Wie etwa: Grün, Berg und Sommerfrische. Allein die Südbahn fädelte diese drei Merkmale an einer Linie auf. Noch bevor die Massen zur Weltausstellung 1873 andampfen sollten, füllten die Wiener ein paar Jahrzehnte selbst die Waggons: als „Vergnügungszügler", wie sie genannt wurden. Der Pfingstmontag 1842 etwa war so ein Tag: 10.000 Wiener sollen es gewesen sein, die sich auf den Weg nach Gloggnitz machten. Mit dem „Staub der Residenzstadt" noch auf der Kleidung, wie Zeitungen vermeldeten, tauchten sie in die „klare Luft der Berge" ein. Die Eisenbahnlinie dorthin war gerade erst eröffnet worden. „Früher ein Tag Reise, jetzt zwei Stunden", schwärmten die Medien. Die Technik hatte die Welt geschrumpft. Kein Wunder, dass es manchem Beobachter dann so vorkam, als wäre ganz Wien kurzfristig einfach mal weg. Womöglich um in Mödling zu sein. Oder auch in Hütteldorf, das laut der Zeitschrift „Die Gartenlaube" überhaupt zu den „fashionablesten Sommerfrischeorten" gehörte. Mit den Worten des Autors Balduin Groller hörte sich das im Jahr 1880 so an: „Wien ist im Hochsommer nicht zu Hause, es ist ausgegangen, ausgeflogen, ausgezogen, man könnte fast meinen ausgestorben." Obwohl Groller auf die Schnelle gar nicht so viele Gründe dafür einfallen wollten. Schließlich „hatte Wien in sanitärer Beziehung vielen anderen Großstädten so manches voraus". Die Natur, so beschrieb es Groller, wäre der Stadt näher gerückt. Sogar das Wasser kam aus dem Hochgebirge bis in die Bassena. Und die „frische, stärkende, würzige Luft", sie wehte durch die Wälder im Prater. Auch gleich vor der Tür. Und noch ein paar Gründe, die Stadt nicht verlassen zu müssen, fielen dem Autor ein: der Stadtpark, der Belvederegarten, der Volksgarten, der Rathauspark. Doch „all diese Gartenjuwele und die ganze imposante und freundliche Ringstraße, die auch nur eine prächtige Doppelallee ist – sie wollen nur wenig bedeuten im Vergleiche zu der wahrhaft einzig schönen Umgebung Wiens".

Die Pferdetramway und der Zeiserlwagen holten die nahe Umgebung noch näher heran. Die Südbahn holte die Ferne herbei. Und schon auf dem Weg dorthin, gab es ein paar idyllische Gründe auszusteigen. Einer davon hieß auf der Stationstafel „Semmering". Wien hatte dort eine ländliche Version von sich selbst als Satelliten hingeschickt. Eine Art „Hoch-Wien". Und die Idylle dort vereinte alles, wonach sich ein durchschnittlicher Wiener im 19. Jahrhundert nur sehnen konnte: Ein großer Teil davon war frische Luft. Ein anderer: der weite Blick. Diese beiden Faktoren kreuzten sich auch schon direkt vor Wien. Auf der Türkenschanze beispielsweise. Und von dort war es auch zum Semmering nicht mehr allzu weit. Geografisch zwar, aber nicht gedanklich. Hier wie dort kondensierten die Vorstellungen eines neuen, guten, gesunden Lebens. Auch in der Architektur. Und hier wie dort legte sich eine Überzeugung quer über die Landschaft: dass Technik, Architektur und Natur auch zum ästhetischen Ensemble taugen. Und zu malerischen Bildern. Manche davon gerieten so ikonisch, dass man sie auf Geldscheine druckte. Wie im Fall des „20-Schilling-Blicks" am Semmering. Solche Karrieren haben die Blicke von der Türkenschanze auf die Stadt zwar nicht gemacht, doch die Weite und die freie Sicht reihten sich auf der Liste der Lagequalitäten des Cottage bald ganz oben ein. Technik, Infrastruktur und Natur verknüpften sich am Semmering in ganz typischer Weise. Unweit des Cottage-Viertels folgte alsbald ein unbeachteter Zwilling.

Denn auch dort, quer durch die Türkenschanze, schlugen die Ingenieure der Eisenbahn eine Trasse. Den Großteil davon in einem Tunnel, den unter anderem italienische Ingenieure gruben, die man extra für diese Aufgabe geholt hatte. Mit den sandigen Böden sollen sie sich dabei ziemlich geplagt haben. Seitdem fädelt eine Stadtbahnlinie, sogar die erste, die den Betrieb aufnahm, einen westlichen Vorort Wiens an den anderen: die sogenannte „Vorortelinie“. Fast jede ihrer Stationen ist heute noch Zeugin davon, wie Architektur einst technische Infra-

Die Vorortelinie dampfte durch den Türkenschanzpark. Auch heute rollen ihre Züge für ein paar Momente ans Tageslicht.

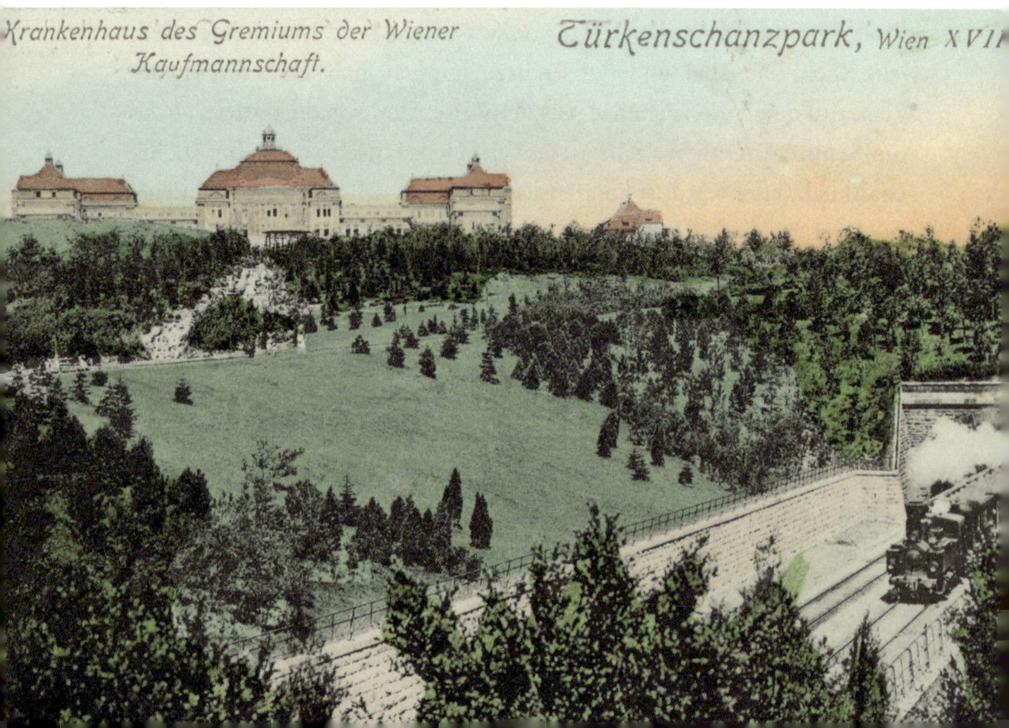

struktur hochleben ließ. Ein paar Meter Schienen dieser Linie blitzen auch im Türkenschanzpark ans Tageslicht, bevor sie sich gleich wieder unter die künstlich gestaltete Landschaft ducken. So gehört es heute zum Grundkatalog der Kindheitserfahrungen im Cottage-Viertel, dass man mit seinen Eltern oder Großeltern genau dort im Türkenschanzpark gestanden haben muss. Dort, wo der Zug kurz im Freien Atem holt, um gleich wieder im Dunkel zu verschwinden. Wenn diese kurze Öffnung in der Landschaft nicht wäre, die Vorortelinie würde gänzlich unbemerkt die Türkenschanze durchkreuzen und die Besucher des Parks nicht ahnen lassen, wie selbstbewusst sich die Ingenieurskunst auch hier die Landschaft einverleibt hat. Lange bevor Autos über die Höhenstraße auf den Kahlenberg kurven konnten, brachte eine Zahnradbahn die Menschen hinauf. Zum ersten Mal 1874. Zu spät, um wie geplant auch den Besuchern der Weltausstellung im Jahr zuvor zu imponieren. Noch früher, im Jahr 1872, führte sogar schon eine Standseilbahn auf die Sofienalpe. Der Unternehmer Georg Sigl schickte sie 477 Höhenmeter hinauf. Auch die steileren Hänge und höheren Gipfel konnten allmählich den Fortschritt und den Drang ins Grüne nicht mehr aufhalten. Wien rückte nach Westen. In Richtung Wienerwald. Auf dem Weg dorthin lag Währing. Und später auch das Cottage-Viertel.

4

Eine Gegend macht Karriere

Bis 1872 der Cottage Verein gegründet wurde, war auch in Währing schon einiges passiert. An manchen Stellen mehr. An anderen fast gar nichts. Währing war noch nicht Wien. Erst 1892 wurde man Teil der Stadt. Die Ortskerne hatten sich im 19. Jahrhundert doch deutlich verdichtet. Der Klee gleich daneben wuchs trotzdem friedlich weiter. Unbeirrt von den Kutschen der Städter, die die Feldwege auch manchmal ziemlich stauben ließen, wenn sie auf dem Weg nach Gersthof zur Sommerfrische waren. Aber ansonsten machte Wien im 19. Jahrhundert, in der ersten Hälfte zumindest, kaum Anzeichen, dass die Stadt nach Westen schwappen würde. Noch wuchs alles schön gemächlich und in den gewohnten Zyklen, bei denen man im Herbst die Trauben von den Weinstöcken holte. Wenn der Wandel anderswo rauschte, hier plätscherte er eher dahin wie der Währingerbach. Rund um das Tal, in das er sich vergraben hatte, spannte sich ziemlich viel Gegend für wenige Menschen auf. Außer die Wiener rückten zu ihrer „Landpartie“ an. Nach Währing fuhr man eben wegen der frischen Luft.

Oder man fuhr wegen der Toten hierher. Einer der fünf städtischen Friedhöfe war hier angelegt worden. Carl Ritter von Ghega war eine der Persönlichkeiten, die dort begraben war. Joseph II. hatte schon 1783 verfügt, dass alle Friedhöfe hinaus vor den Linienwall müssten, allein aus hygienischen Gründen. Im 20. Jahrhundert wurde der Währinger Friedhof wie viele andere auch – zum Park. Dem anderen Währinger Friedhof, der der Ortsfriedhof war, erging es genauso. Er wurde später zum Schubertpark. Schließlich war Franz Schubert noch kurz vor der Auflösung des Friedhofes dort bestattet worden. Auch Beethoven, Johann Nestroy und Franz Grillparzer waren dort begraben worden. Ansonsten zeigte sich die Gegend auch nicht allzu lebendig.

Und dann änderte sich alles. In die Täler züngelte die Stadt schon längst ein wenig hinein. In jenes des Krottenbaches, im heutigen Döbling. Und in jenes, des Währingerbaches. Dazwischen lag ein Höhenrücken, der sanft bis zum Linienwall abfiel. Unbehelligt war er lange vor der Stadt gelegen, unberührt von so menschlichen Erfindungen wie Architektur und Stadtplanung. Dort oben – vom Währinger Tal ging es doch recht steil bergauf – suchten später die Universitätssternwarte und das Cottage-Viertel den klaren Himmel und den Weitblick, außerhalb des Dunstkreises der Stadt. Denn dort oben war man noch gänzlich „draußen". Abgeschieden. Allein durch eine Barriere. Den Linienwall. Er zeigte an, wo Wien aufhörte und Währing anfing. Die Grenze war physisch spürbar. Man musste sie erst körperlich überwinden, durch ein Tor. Heute ist sie noch immer spürbar, obwohl sie physisch längst verschwunden ist. Doch das Stadtgewebe ist bis heute an jener Linie noch nicht zusammengewachsen. Eher vernarbt. Und das soziale Gefüge ebenso. Der Linienwall trennte drinnen von draußen, laut von ruhig, dicht von luftig. Und vor allem: teuer von günstig.

Eine Ansicht der Linienkapelle an der Währinger Linie aus dem Jahr 1904. Auch dort nahm die Peripherie der Stadt ihren Anfang.

13,5 Kilometer lang gürtete sie die Grenze um die Vorstädte. Eine militärische Logik hatte sie gezogen. Prinz Eugen von Savoyen hatte die Idee dazu und diese durchgesetzt. Und so schuf er sich auch ein monumentales, doch unsichtbares Denkmal in der Stadt. Denn unauslöschlich tief hatte sich scheinbar die Grenze eingekerbt in die Stadt. Zur Entsatzschlacht 1683 war Prinz Eugen noch rechtzeitig aufgetaucht. Aber zu spät, um die Vorstädte vor dem Schicksal zu retten, das sie schon kannten, wenn die Türken kamen: Sie brannten nieder. Auch deshalb wollte Prinz Eugen die

Vorstädte nachhaltiger schützen. Mit einer zusätzlichen Verteidigungslinie. Noch dazu waren die Kuruzzen Anfang des 18. Jahrhunderts außer Rand und Band. Die ungarischen Aufständischen marschierten auf Wien zu. Schnell berief Prinz Eugen, der Präsident des Hofkriegsrats war, alle Wiener Bürger zwischen 18 und 60 Jahren ein, um gleich mit dem Linienwall zu beginnen. Dieser hatte zwar militärisch damals schon nichts und später noch weniger verändert, stadtentwicklerisch aber umso mehr. Die Kuruzzen, die man kurzfristig fürchtete, kamen der Stadt nie nah genug. Die Franzosen, fast ein Jahrhundert später, ließen sich auch nicht aufhalten. Was gebremst wurde dafür, war das Wachstum der Stadt. Doch zumindest konnte sich der Linienwall anders profilieren: als Steuergrenze. An seinen neun Toren kassierten die Steuereintreiber die „Verzehrungsteuer", die 1829 eingeführt wurde. Sie wurde auf alles aufgeschlagen, was zu „verzehren" war, also zu konsumieren. Das erhöhte die Lebenserhaltungskosten innerhalb des Linienwalls eklatant. Und deshalb rückten auch alle aus der Stadt aus, denen das Leben drinnen zu teuer wurde. Die Fabriken und auch die Arbeiter, die dort arbeiteten. Wien rasterte sich nach Westen vor. In die Arbeiterbezirke von Ottakring, Hernals oder auch Meidling, die noch heute schachbrettartig auf dem Stadtplan liegen.

Viel Gegend für wenig Menschen

Knapp nach dem Linienwall, stadtauswärts, zweigte von der Währinger Straße ein Feldweg ab, der schon seit dem Mittelalter von Döbling nach Hernals führte, entlang der heutigen Gymnasiumstraße und weiter über die heutige Martinstraße. Das war die Linie, an der der Cottage Verein schließlich mit seinem Projekt auch eine Abzweigung nehmen sollte: weg vom Mainstream, die Anhöhe hinauf, die sich zwischen dem Währingerbach und dem Krottenbach breit machte. Hier legten die Planer die Idee des Cottage-Viertels in die Landschaft. Acht Straßen sollten sich dort zunächst rechtwinkelig zum Schachbrett kreuzen. Und während auf der Türkenschanze die Cottages brav nach Plan Aufstellung nahmen, wollte sich entlang des Gürtels nichts so recht verzahnen. Der Linienwall war längst abgetragen, als das Cottage entstand und das Bauverbot längst vom Kaiser aufgehoben. Blieb aber immer noch eine stolze 76 Meter breite Schneise. Sie war die Trasse der neuen Gürtelstraße. Das war lange Zeit viel Straße für wenig Stadt. Die Felder und Wiesen reichten bis an ihre Ränder. „Einzelne Gassen von Währing hatten ihre Fühler vorgestreckt", schrieb die Wiener Zeitung in einem Feuilleton über die Gürtelstraße im Jahr 1919: Die Gassen führten „an dem vorerst sehr kleinen Cottage vorbei zur Türkenschanze hinauf, wo noch weithin alles Kornfeld oder Weingarten war. Bei mächtigen Sandgruben stand dort oben, angesichts einer weiten Umschau, ein einsamer Heurigenschank sowie etwas seitwärts ein Pulvermagazin". Ungefähr so also sah die Gegend aus, in der sich die ersten Cottages zwischen Türkenschanze und Gürtel gestellt hatten.

Doch ab 1880 wuchsen die Lücken beim Gürtel zu. Fehlte noch eine Anbindung: der öffentliche Verkehr. In den ersten Cottage-Jahren schaffte es die Pferdetramway nicht nach Währing. Den „Ochsenbergl", im heutigen neunten Bezirk, den konnte die Straßenbahn lange nicht bezwingen. Deshalb endete sie auch lange dort, wo heute der Arne-Carlsson-Park liegt. 1882 schließlich kam auch die Tramway in Währing an. Ab 1884 war sie bis zum Unionsplatz unterwegs, dem heutigen Aumannplatz. Und ab 1887 kam sie sogar von Dampf angetrieben angerollt. Gut für das Cottage, dass es sich ein wenig weiter oben schon bequem gemacht hatte. Dort befand man sich 383 Meter über dem Meeresniveau. Hoch genug, um spektakulär in die

Weite zu schauen. Was die Familien später von ihren Balkonen und Villentürmchen aus bewunderten, das wusste bereits Großwesir Kara Mustafa fast zweihundert Jahre zuvor zu schätzen. Das osmanische Heer hatte hier ein Lager. Man war gut geschützt: Die steilen Abhänge zum Krottenbach in Richtung Döbling und zum Währingerbach nach Süden verhinderten, dass man von Angriffen überrascht wurde. Dass Jan Sobieski mit seinem Entsatzheer vom Kahlenberg aus einfiel, kam dann aber doch überraschend. Auch hier, wo heute die Häuser stehen, dürfte ziemlich gemetzelt worden sein. Noch im Jahr 1922 wurden Massengräber türkischer Gefallener gefunden. Als „Hohe Warte" war die Gegend auf den Karten eingetragen. Im Volksmund setzte sich das Toponym Türkenschanze durch. An ihren Südhängen wuchs der Wein, es soll einer der besten rund um Wien gewesen sein. Und auch für die Cottage-Anlage sollte sich die Lage als ideal erweisen. In seiner Denkschrift von 1887 beschrieb sie der Wiener Cottage Verein selbst so: „Unsere Villenstadt liegt im Südosten der nördlichsten gegen die Donau vorgeschobenen Erhebungen des Wienerwaldes, an einem vom Pötzleinsdorfer Schafberge zwischen dem Krottenbach und dem Währingerbach in sanfter Neigung gegen den Donaucanal streichenden, theilweise mit Weingeländen bepflanzeten Abhange, welcher im Volksmunde als Türkenschanze bezeichnet wird."

Die militärische Bedeutung der Anhöhe wirkte noch länger nach. Der letzte von einigen Pulvertürmen wurde erst abgerissen, als das Hauptgebäude der BOKU hier seine neue Heimat gefunden hatte. Allzu grün war es auf der Türkenschanze auch damals noch nicht. Zu konsequent hatte man in den Hügel hineingebaggert. Als die Häuser des Cottage-Viertels schließlich in Höhe und Zahl vorpreschten, hatten die Bäume und Büsche in den Jahrzehnten danach einiges an Laufmeter aufzuholen. Nach 150 Jahren schließlich hat sich die Gegend so dicht im Grün eingewachsen, dass man sich gar nicht mehr recht vorstellen kann, dass es die Häuser hier zuerst waren, die wuchsen. Man sieht es an frühen Fotografien oder auch auf Aquarellen von der Türkenschanze: Die ersten Häuser standen dort so verlassen, als hätte Jules Verne den Mond kolonialisieren lassen. Ein paar Jahre später blickte man aus der Mondlandschaft tatsächlich ins Weltall hinaus, durch die Teleskope der Universitätssternwarte. Der Hunger nach Baumaterial hatte viele Hektar Boden zur kargen Wüste gemacht. Denn die Türkenschanze versorgte lange die Baustellen der Stadt. Hier waren Sandgruben und Steinbrüche schon seit dem 17. Jahrhundert Teil der Topografie. Doch nie war die Nachfrage so groß wie im 19. Jahrhundert. Auch der Fuhrwerksunternehmer Severin Schreiber stillte sie. Er avancierte zum erfolgreichen Baustofflieferanten von „Neu-Wien". Sein Fuhrpark war schnell auf 100

Die Sandgrube auf der Türkenschanze, die Wien mit Baumaterial versorgte. Aufgenommen um die Wende vom 19. zum 20. Jahrhundert.

Fahrzeuge angewachsen, die er in der Nacht in Hallen an der Billrothstraße parkte. Pausenlos füllten sich die Kutschen mit Baumaterial in der „Schreiberschen Sandgrube", bis 1885. Auf Teilen von ihr sollte später eine ganz andere Landschaft entstehen, der Türkenschanzpark.

Das also war die landschaftliche Nachbarschaft, in der der Cottage Verein die idealen Bedingungen gefunden hatte, für seine Villenkolonie. 383 Meter über dem Meeresspiegel, 80 Meter über der Donau und fast vier Kilometer von ihr entfernt. „Gegen die Nordweststürme durch die ihn überragende Türkenschanze geschütztes Terrain, schöne freie Lage mit weiter Fernsicht, schließt sich direct an die Häuserreihen Währings an und bot durch seine wohlarrondirte Gestaltung und allseitige Zutrittbarkeit ein leicht zu parzellirendes Object", schrieb man 1875. Das war nicht alles, was für diese Gegend sprach. Außerdem noch: „Gutes, reichliches Trinkwasser, ein humusreicher, fester Lehmboden, welcher für die Anlagen und das Fortkommen der Anpflanzungen in den Gärten günstige Aussichten eröffnete." Und in der Denkschrift nochmal extra angeführt ein anderes Motiv gerade hierherzuziehen: die hohe Lage, außerhalb des Dunstkreises der Stadt, „dass uns die herrschenden Westwinde die Luft des Wiener Waldes zuführen". Genau das, was der Cottage Verein suchte. Und genau das, was die Astronomen der Universität Wien sich vorstellten.

Exkurs 2:

Die Universitätssternwarte

Der Himmel ist voll seltener Erscheinungen. Allein der eine oder andere Komet machte sich wirklich rar über die Jahrhunderte. Auch der sogenannte „Venusdurchgang" ist ein Schauspiel, das in 243 Jahren nur viermal auftritt. 1874 wäre es wieder so weit gewesen. Da wurden gerade die ersten Steine gesetzt für ein ebenso ungewöhnliches Ereignis: Wien sollte eine Riesensternwarte bekommen. Doch selbst wenn sie schon fertig gewesen wäre, die Lage außerhalb der Stadt und ihres Dunstkreises, auf dem Höhenrücken, der unter dem Namen Türkenschanze bekannt war, hätte den

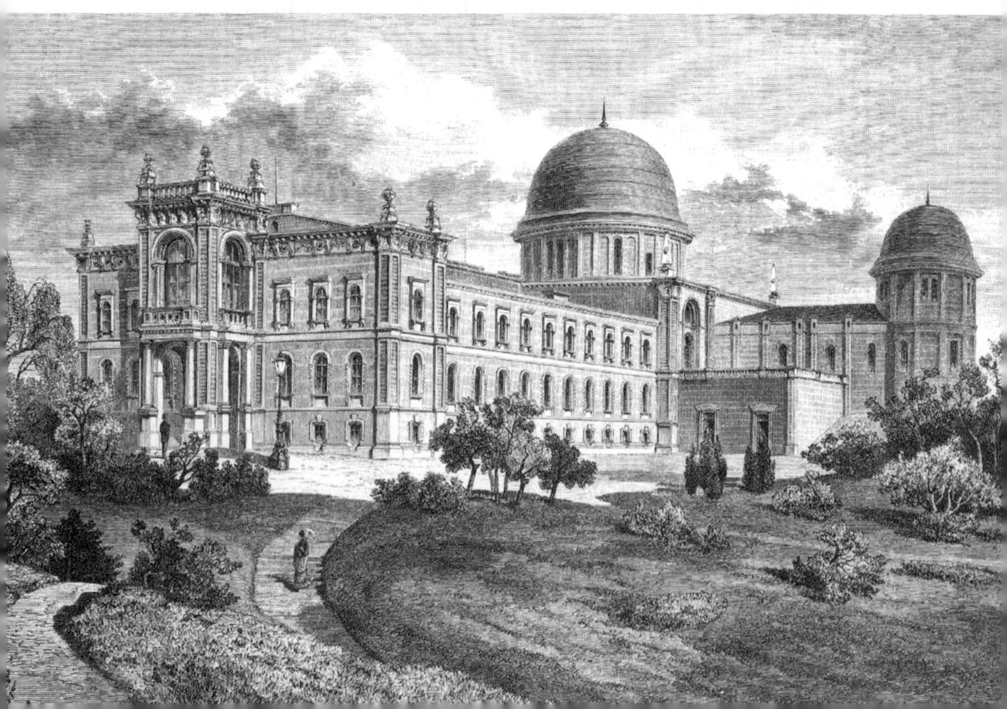

Der große Refraktor der Universitätssternwarte wurde 1878 hergestellt. Zu jener Zeit war er der größte der Welt.

Astronomen wohl nicht geholfen: Wie die Venus an der Sonne vorbeizog, war damals von Europa aus einfach schlecht zu beobachten. Internationale Expeditionen führten deshalb zu Orten, wo das besser gelingen sollte. Doch Österreich-Ungarn war nicht dabei. Die deutsche Illustrierte „Die Gartenlaube" glaubte in ihrer Ausgabe von 1879 zu wissen, warum das so war. Es gab schlichtweg andere Prioritäten. Das wissenschaftliche Budget ließ man lieber in die neue Sternwarte fließen. Schließlich sollte sie bewusst aus dem Rahmen fallen: vor allem in Hinblick auf Größe und technische Ausstattung. Denn Wien ging es in Kaiserzeiten stets auch darum, sich international zu messen. Und das konnte man in puncto Pracht schon ganz gut. Fehlten noch ein paar andere Einheiten: etwa der Durchmesser von Refraktor Teleskopen. Wien hatte zumindest zum Zeitpunkt der Eröffnung der neuen Sternwarte das größte der Welt. Kurz darauf hatten die USA schon wieder ein größeres. Aber auch die schiere Dimension des Gebäudes beeindruckte Beobachter. Es war zum Palast der Astronomie geraten. Noch dazu im Stil eines italienischen Palazzos. Bis heute hatte dieser Ort mehr als 133 Jahre und zwei Venusdurchgänge Zeit, sich endgültig zuwachsen zu lassen von all den Sträuchern und Bäumen, die heute zusammen Sternwartepark heißen. Doch schneller als das Grün das Gebäude einhüllen konnte, legte sich ein anderer Mantel herum. Die Stadt selbst, der Grund überhaupt, warum man an ihren Rand hinausgezogen war, holte sie rasanter ein, als man je vermutet hätte. Und das tat den Beobachtungen des Himmels nicht allzu gut.

1842 hätte man nicht gedacht, dass es so schnell so weit kommt. Dass die Stadt samt Licht und Dunstglocke so bald über die Türkenschanze schwappen würde. Damals hatte ganz Wien kollektiv noch ein Aha-Erlebnis am Himmel. Eine Sonnenfinsternis, die Adalbert Stifter so schön beschrieben hatte, dass er damit ungewollt Öffentlichkeitsarbeit betrieb – für ein Vorhaben, für das es nach Meinung vieler Astronomen schon allerhöchste Zeit war: Die Sternwarte der Universität muss raus aus der Stadt. Einige Jahre sollte es zwar noch dauern, doch die Sonnenfinsternis hatte eines in Bewegung gebracht: Sie machte Stimmung bei den Entscheidungsträgern und befeuerte die Überzeugung, dass auch die Astronomie in Wien einen gebührenden Platz verdient. Jener, den sie bis dahin innehatte, war jedenfalls keiner: Es war eher ein Provisorium, ein wackeliges Holzgerüst mitten im Häusermeer Wiens. Dort war die Sternwarte der Universität Wien seit 1756 zu Hause, auf dem Dach des Gebäudes, das heute die „Akademie der Wissenschaften“ ist. Gleich neben der Jesuitenkirche. Von dort hatte man nur drei Jahre später einen „Venusdurchgang“ beobachten können. Und vom Oberen Belvedere aus hatte man dagegen die Kuppel der Sternwarte in der Stadtsilhouette sehen können, wie der berühmte Canaletto-Blick auf Wien beweist.

Doch spätestens nach 1842 betrieb der Direktor der Sternwarte, Karl Ludwig Littrow, das Projekt „Raus aus dem Dunstkreis". Denn die alte Sternwarte taugte nicht mehr. Sie war umzingelt von Häusern. Aber vor allem von Schornsteinen, die unablässig qualmten. Doch laut dem Autor der „Gartenlaube", der dort über die neue Universitätssternwarte 1879 berichtete, waren es nicht die einzigen Schwaden, die die Arbeit erschwerten. Denn auch aus dem Gebäude selbst soll es kräftig nach oben gedünstet haben – im selben Haus war nämlich auch die Anatomie untergebracht. Ab dem Jahr 1855 geriet die Arbeit der Astronomen jedoch vollends zur Zumutung. Das Haus wurde zusätzlich zu einer Kaserne. Und die Soldaten ahnten nicht, dass manche Berufe ihr „Tagwerk" erst am Abend begannen. Littrow berichtete, dass manche Wissenschaftler für „Gesindel" gehalten wurden, als sie zur Arbeit gingen und statt am Fernrohr die Nacht in der Wachstube verbrachten. Gewackelt haben die Fernrohre auch, wenn die Kutschen um die Ecke fuhren. Selbst die Glocken der Jesuitenkirche daneben erschütterten die Teleskope und die anderen Instrumente.

Höchste Zeit, die Stadt hinter sich zu lassen. Und im Grunde das zu suchen, was der Wiener Cottage Verein ebenso für sein Wohn- und Zukunftsprojekt suchte. Kein Zufall also, dass die Sternwarte gleich neben der Villenkolonie landen sollte. Die Gegend dort schien ideal für eine neue Sternwarte, wie es die „Allgemeine Bauzeitung" im Jahr 1881 beschrieb: „Eine durch reiche Vegetation in nächster Umgebung vor Erhitzung des Bodens und Staub gesicherte Gegend, auf mässiger, vor Verbauung der Aussicht bewahrender und durchsichtiger Luft gewährende Anhöhe." Angenehm zum Wohnen, ideal um in die Sterne zu schauen. Als das 19. Jahrhundert in sein letztes Viertel rutschte, ließen auch die Sternwarten anderswo in Europa die Städte hinter sich. Knapp außerhalb der dichten urbanen Scheibe, die man auf Karten mit „Wien" überschrieb, dort, wo die Universitätssternwarte schließlich gelandet ist – auf der Anhöhe zwischen Währingerbach und Krottenbach, das war auch ein Kompromiss, erzählt der Astronom Franz Kerschbaum, der sich intensiv mit der Geschichte seines eigenen Hauses beschäftigt hat. Denn später, als das neue Jahrhundert angebrochen war, haben sich die Sternwarten ohnehin den Sternen genähert und sich auf Berge gesetzt. „In Österreich gab es auch Pläne für eine Sternwarte auf dem Schneeberg, die nie verwirklicht worden sind", erzählt Kerschbaum. Hätte man geahnt, dass die Stadt so schnell die Türkenschanze schluckt, vielleicht wäre man gleich auf die Berge gegangen. „Ich glaube, dass man auch unterschätzt hat, wie schnell die Gasbeleuchtung auch in den Vororten ankommt", sagt Kerschbaum. Die Instrumente wurden auch immer sensibler für all die visuellen Zwischengeräusche, die sich zwischen Augen und Messinstrumente der Astronomen und den Himmel schoben.

1883 wurde die neue Universitätssternwarte auf der Türkenschanze eröffnet, gleich neben dem Cottage-Viertel. Geforscht wird heute noch immer dort, beobachtet meist woanders.

Doch zumindest für ein paar Jahre meinte man doch, den idealen Platz gefunden zu haben, gleich neben dem Cottage. Mindestens 80 Meter über der höchsten Kirchturmspitze der Stadt, dem Stephansdom. Die irdische Sicht bis auf das Leithagebirge, von wo man sich den Stein borgte für den Sockel des Gebäudes. Und weiter noch der Blick bis in die Karpaten, so beschreiben zeitgenössische Berichte das Bild. Die frische Luft, die vom Kahlenberg einströmte, putzte die Atmosphäre regelmäßig durch. Jetzt mussten nur noch die Architekten mit ihrem Entwurf anrücken: Ferdinand Fellner und Hermann Helmer. Als die Sternwarte entstand, hatten sie schon einige Theatergebäude gebaut, in Europa. Insgesamt sollten es fast 50 in ihrem Portfolio werden, die sie von Odessa bis Zürich architektonisch inszenierten. Hier neben dem Cottage war der architektonische Auftritt besonders wichtig. Dafür lieferte das Büro Fellner & Helmer baulich ein riesiges Kreuz, das sie in die Landschaft legten, die Form hatte man sich in Berlin abgeschaut. Aber das Wiener Sternenkreuz war noch um einiges größer ausgefallen: 105 Meter lang von Nord nach Süd. 76 Meter von Ost nach West. Da blieb neben dem Raum, den man für die wissenschaftliche Arbeit brauchte, noch genügend übrig. Vor allem für das, was beinahe alle großen Gebäude jener Ära auch zu erledigen hatten: die Repräsentation. „Viele der Räume dienten vor allem diesem Zweck", sagt Franz Kerschbaum. Zum Eindruck schinden eignete sich natürlich eine große glasüberdachte Eingangshalle mit prachtvollen Treppen, die auch die Tätigkeit der Astronomen mitinszeniert, wie sie dann so hinaufschreiten zu ihren Teleskopen. Und mit dieser „Performance" hatten die Theaterarchitekten natürlich schon reichlich Erfahrung. Gestalterisch hat sich dann aber doch nicht alles der Wissenschaft untergeordnet: Sonst hätte man den Entwurf auch nicht so gedreht, dass der Eingang nach Süden zeigt, erzählt Franz Kerschbaum. Darüber befand sich nämlich die Wohnung des Direktors der Sternwarte. Der wollte auch was von der Sonne haben, wenn auch die Astronomen selbst gerne nach Süden geschaut hätten, aus Beobachtungsgründen. Heute ist im ehemaligen Wohntrakt ein kleines Museum eingerichtet, das historische Instrumente zeigt und auch Bücher, die sich über die Jahrhunderte zu einer wertvollen Kollektion angesammelt haben. „Das älteste Werk, das wir haben, ist die Planetentheorie von Georg Feuerbach aus dem Jahr 1476“, erzählt Kerschbaum.

Das Treppenhaus wurde gelobt für seine „Eleganz, deren sich kein fürstlicher Palast zu schämen brauchte“. Und tatsächlich: Ein Palast der Astronomie war da gelandet. Noch dazu im Stil eines italienischen Palazzos, in den gestalterisch auch ein bisschen die Attitüde einer orthodoxen Kathedrale eingesickert war. Drei kleinere Acht-Meter-Drehkuppeln sitzen an den Ausläufern der Kreuzarme. Eine Zentralkuppel spannt sich über 14 Meter auf, rund um sie kreist ein „Zirkulärsaal“. Auch diese Quadratmeter lassen viel Platz, um würdevoll zur Arbeit und wieder zurückzuschreiten.

So ein Haus wie dieses, in das Franz Kerschbaum jeden Tag zur Arbeit geht, ist natürlich eine architektonische Ansage. An die Ringstraße hätte es vom Gestus her genauso gut gepasst. Heute ist es das vielleicht schönste unsichtbare Gebäude im Wiener Stadtbild. Denn eingewachsen ist es längst. Vom Sternwartepark, in den man erst seit 2013 hineindarf, wenn man kein Astronom oder Studierender ist. 130 Jahre zuvor lieferte Kaiser Franz Joseph sein Statement zur Fertigstellung des Projekts ab, in gewohnt salbungsvollen Worten, wie ein Blick in die Wiener Zeitung vom 6. Juni 1883 zeigt: „Ich habe mit Befriedigung vernommen, daß die Sternwarte in ihrem Baue und in ihrer Ausstattung vollendet ist, und daß dieselbe nunmehr ihre Wirksamkeit in einer allen Anforderungen entsprechenden Weise aufnehmen und fortführen kann. Ich bin überzeugt, daß die erhabene Wissenschaft, der diese Anstalt gewidmet ist und welcher ich gleich meinen Vorfahren ein reges

Interesse vorbringe, hier eine würdige Pflegestätte finden wird. Mögen die Arbeiten und Forschungen, die an dieser Anstalt hervorgehen, der Wissenschaft zur Förderung und dem österreichischen Namen zur Ehre gereichen." Auch als Büste blieb Kaiser Franz Joseph im Treppenhaus dem Gebäude erhalten. „Ein warmfarbiger Bau thront prächtig in seiner grünen Umgebung auf dem die Stadt beherrschenden Hügel", so formulierte es die Bauzeitung. Ausgeführt hat den Bau der Stadtbaumeister Ferdinand Oberwimmer, der sich später vom Architekturbüro Fellner & Helmer selbst eine prachtvolle Villa ins Cottage stellen ließ, die es leider nicht bis in die Gegenwart geschafft hat. Oberwimmer war übrigens mit der Ausführung der allermeisten Häuser aus der ersten Cottage-Bauphase beauftragt und forcierte auch als Vereinsmitglied und Spender von Baugrund und Geld die „Errichtung eines öffentlichen Parks auf der Türkenschanze".

Heute richten sich die Augen und Teleskope an ganz anderen Stellen auf dem Planeten ins Weltall. Da spannen sich Spiegel auf, die 40 Meter groß sind, in Weltteilen, wo das Wetter zuverlässig besser ist als in Europa. Und wo das Licht der Menschen auch nicht die Beobachtungen so stark trüben könnte. Chile, Hawaii oder die Kanarischen Inseln. Oder der Weltraum selbst. Das sind die Hotspots, von wo sich die Astrophysiker wie Kerschbaum ihre Daten holen. Diese kommen trotzdem auf der Türkenschanze an. Man muss auch nicht extra hinfahren. Analysiert wird freilich vor Ort, wo vor den Fenstern die Eichhörnchen vorbeihuschen. Denn nicht nur die Stadt ist über den Park drübergewachsen, sondern auch der Park über die Sternwarte. Es gibt kaum lauschigere Orte in der Astrophysik-Szene, an denen man auch Komponenten für das Weltraumteleskop entwickelt, wie es hier auf der Türkenschanze auch geschieht, wie Franz Kerschbaum erzählt. Doch dafür musste das Grün rundherum auch erst einmal gerettet werden. In einer Phase der Wiener Stadtentwicklung, in der sich das „Retten" als möglicher Umgang mit dem ererbten Bestand der Stadt allmählich profilierte. Und fast hundert Jahre später, nachdem die Wiener Landwirtschaftliche Zeitung so konsequent gegen den neuen Standort der BOKU auf der Türkenschanze angeschrieben hatte, startete eine noch viel größere Medienkampagne. In der „Kronen Zeitung". Der Auslöser: Der Stadtregierung war eingefallen, dem Institut für Zoologie einen neuen Standort zu gönnen. Gleich neben der Universitätssternwarte, das schien dem damaligen Bürgermeister Felix Slavik ein geeigneter Platz. Doch 40 Parkbäume standen dem Vorhaben im Weg. Und eine Zeitung, die das verhindern wollte, was sie hochdramatisch in Schlagzeilen „Baum-Mord" nannte. Bruno Kreisky riet Slavik schließlich dazu, eine Volksbefragung auszurichten. Für die Karriere des Bürgermeisters – keine gute Idee. Denn 235.000 von 400.000 Stimmen wollten keine Bäume fallen sehen. Und Slavik stellte sein Amt zur Verfügung. Das war 1973. Danach konnte sich der Park in Ruhe zum Naturdenkmal auswachsen. Als 50 Jahre später der Park für alle geöffnet werden sollte, war wieder eine Bürgerinitiative dagegen. Schließlich mussten diesmal 50 Bäume den Weg erst einmal freigeben. Der Protest blieb erfolglos. Seitdem sind Astronomen, Studierende, Eichhörnchen und Dachse nicht die einzigen, die hier ihre Runden ziehen.

5

Wien in grüner Watte

Ohne „Grün" wären es nur ein Haufen Häuser. Cottage wäre es jedenfalls keines. Von Anfang an sollte das Merkmal „Grün" im Erbgut des Viertels mitmischen. Der Vorgarten der Häuser etwa, er war verpflichtend. Die Größe des Gartens im Vergleich zum Haus, sie war im Servitut geregelt. Die Straßen wurden zu Alleen, in denen sich nunmehr über 2.000 Bäume aneinanderfädeln. Und die Gärten stoßen hinter den Häusern zum Viereck zusammen, was die Wirkung des Grüns noch multipliziert. Das Harte wird weich. Das Laute wird leise. Die Stadt schiebt einen Filter ein. Die Sicht auf die Stadt durch das Grün – sie ist eine andere. Jedes Frühjahr legt das Cottage-Viertel brav seinen Mantel an, in den es sich für ein paar Monate einwickelt. Wie in ein grünes Futteral, in dem sich auch die Architektur besonders gut aufgehoben fühlt. Bis sie sich bald ohnehin wieder exponieren muss. Dann, wenn im Herbst die grüne Biomasse, die von den Bäumen fällt, aus dem Cottage gekehrt wird. Dann dürfen auch die Details in den Fassaden der Villen wieder dazwischenreden oder die Dachlandschaften der Häuser ihren

Auftritt haben. Lang genug hat es gedauert, bis die Bäume die Dächer endlich überragen durften. Alte Postkarten und Fotografien zeigen es: So gut wie damals waren die Häuser von der Straße aus nie wieder zu sehen. Denn heute bäumen sich die Linden und Platanen auf, als wären sie als erster dagewesen, stellen sich schützend den Architekturen zur Seite, als seien sie ihre grünen Wächter. Und mahnen dabei auch ohne Blätter im Winter: Dass hier im Cottage die bebaute Umwelt mit der unbebauten ein besonderes Verhältnis eingegangen ist.

Der dichte, grüne Teppich des Türkenschanzparks, daneben das Cottage-Viertel und dahinter die Stadt.

Die BOKU

Hier auf der Türkenschanze balancierte Wien sein Verhältnis zu Grün, Landschaft und Natur ganz neu aus. Man könnte es Zufall nennen oder vielleicht doch symptomatisch: Dass gerade hier sich auch die fachliche Expertise zum Thema verdichtet. Hier ist nämlich in direkter Nachbarschaft zum Cottage eine Institution gelandet, die sich vor allem mit einem befasst: mit der Beziehung des Menschen zu seiner Umwelt, zum Boden, zur Landschaft, zum Leben – die BOKU, die

Universität für Bodenkultur. Einige markante und imposante Gebäude hat sie inzwischen in die Stadtlandschaft rund um das Cottage eingestreut. Eines davon beschäftigt sich sogar explizit mit der Landschaft: Das frühere Simony-Haus wurde zum „Haus der Landschaft". Darin sitzen etwa das Institut für Landschaftsarchitektur und jenes für Landschaftsplanung. Früher war das Gebäude das Kaiser-Franz-Joseph-Studentenheim.

Die BOKU wurde im selben Jahr gegründet wie der Cottage Verein, im Jahr 1872, am 3. April. Ihren ersten Sitz hatte sie im dicht verbauten Wien, im Palais Schönborn im achten Bezirk. Und wie schon der ganzen Stadt wurde es auch der BOKU so weit drinnen bald zu eng. Sie

Das Hauptgebäude der Universität für Bodenkultur (BOKU), das Gregor-Mendel-Haus im Jahr 1896. Damals noch solitär im Brachland.

benötigte mehr Freiraum. Und als es schließlich feststand, dass man an die Türkenschanze übersiedeln würde, war es manchen journalistischen Beobachtern dort dann doch ein wenig zu frei. Nämlich zu frei von allem. Oder: von der Gegend zu viel und von Häusern zu wenig. Zumindest bewies die „Wiener Landwirtschaftliche Zeitung" damals schon, dass Medienkampagnen keine Erfindung der „Kronen Zeitung" des 20. Jahrhunderts sind. Die Redakteure hatten sich in Leitartikeln, Feuilletons und Glossen eingeschossen gegen den Standort Türkenschanze. Er sei zu abgelegen. Die armen Studierenden müssten von der Straßenbahnstation einen beschwerlichen Weg die Anhöhe hinauf nehmen, beschwerten sich Kommentare. Doch ab 1896 überragte trotzdem das Gregor-Mendel-Haus eindrucksvoll das benachbarte Cottage-Viertel. Obwohl die Szenerie anfangs so aussah, wie frühe Fotografien zeigen, als sei das imposante Gebäude wie zufällig von oben hier eingeschlagen. Das auffälligste Merkmal der Umgebung war damals tatsächlich, dass da kaum etwas war, was man Umgebung hätte nennen können. Außer die 150 Häuser des Cottage-Viertels natürlich. Heute dagegen schieben sich ziemlich viele Baumkronen, Stämme und Zweige am Linnéplatz jenen ins Blickfeld, die sich von der Wucht des Hauses beeindrucken lassen wollen. Die Straßenbahn fährt auch über 125 Jahre später hier noch immer nicht hin. Oder besser: nicht mehr. Denn zwischen 1907 und 1960 führte über die Hasenauerstraße der „40er" bis zum Linnéplatz. Heute verbindet die Buslinie 40A die U-Bahn-Station Währingerstraße mit den Institutsgebäuden der BOKU. Manche von ihnen wurden extra gebaut. Andere wurden umgenutzt. Das Adolf-Cieslar-Haus in der Peter-Jordan-Straße 70 war etwa ein Frauenhospiz; ein Relief an der Fassade, es zeigt eine Mutter mit ihrem Kind, verweist in die Vergangenheit des Hauses. Auch das ziemlich mächtig geratene Wilhelm-Exner-Haus, in der Peter-Jordan-Straße 86, hatte Gesundheitsaufgaben. Es war eine Heil- und Pflegeanstalt, die im Auftrag der Wiener Kaufmannschaft errichtet worden war. Von der früheren Aufgabe des Hauses erzählt auch hier ein Relief. Es zeigt Asklepios, den griechischen Gott der Heilkunst. Und Hygeia, die griechische Göttin der Gesundheit.

Das Wilhelm-Exner-Haus der BOKU wurde ursprünglich gebaut als Heil- und Pflegeanstalt der Wiener Kaufmannschaft im Jahr 1912.

Grünblick

Schlüpft man durch das Wilhelm-Exner-Haus, betritt man dahinter noch ein architektonisch völlig anderes. Das Franz-Schwackhöfer-Haus. Entworfen hatte es der Wiener Architekt Anton Schweighofer im Jahr 1974. Hier liegen die Stahlträger offen, die Fassade wurde aus Cortenstahl gebaut. Aber die ist längst und schneller als gedacht wegkorrodiert. Trotzdem wurde der Entwurf im Architekturdiskurs als Meilenstein seiner Epoche gefeiert. Inzwischen musste er saniert werden und wurde in einen transparenten Neubau überführt. Zwei Trakte werden von einer glasüberdachten Halle zusammengehalten. Dort steigt man die Treppen hinauf und wenn man die richtige Glastür erwischt, tritt man ins Freie, auf eine Terrasse. Hier liegt Wien vor einem, als würde man auf einen grünen Teppich schauen. Obwohl man stadteinwärts blickt. Die frei stehenden Häuser des Cottage haben sich tief unter die grüne Textur der Bäume weggeduckt. Und nach Süden hin liegt ohnehin das grüne Patchwork des Türkenschanzparks. Dieser grüne Teppich, der die dichte Innenstadt umgürtet, er ist typisch geworden für Wien. Aber er ist nie ganz selbstverständlich zur freien Verfügung dagelegen wie der Wienerwald. Das Grün der Stadt, es wurde strategisch geplant, erstritten, erkämpft. Von engagierten und schlauen Köpfen. Von denen die Gründer und Ideenlieferanten des Cottage-Viertels nur einige wenige sind.

Klimaanlage und Frischluftzufuhr

In der zweiten Hälfte des 19. Jahrhunderts stand die Windrichtung endgültig auf Grün. Dorthin zog es die Menschen. Dorthin richteten sich ihre Gedanken. Auch wenn sie darum kreisten, wie man wohnen und wie Städte wachsen sollten. Der Cottage Verein war früh genug am Start, um mit seiner Idee auch eine privilegierte Lage genießen zu können. Eine gesunde vor allem auch. Und das war in der Vorstellung des 19. Jahrhunderts besonders an eines gekoppelt: an frische Luft. Doch das Cottage-Viertel wollte sich nicht nur befrischen lassen, von den Westwinden aus dem Wienerwald. Es wollte selbst eine Klimaanlage sein. Und so nannte man sich schon früh auch eine „Gartenstadt". Lange bevor diesen Begriff Ebenezer Howard in den Diskurs über zeitgemäßen Städtebau einwarf. Er setzte seine Ideen anfangs nördlich von London um. Unter ähnlichen Bedingungen wie in Wien, wo das Cottage auch eine Reaktion auf steigende Grundstücks- und Wohnungspreise war. Die „Gartenstadt" war die sozial- und wohnreformerische Antithese zur Stadtentwicklung jener Zeit. Und einige Villenkolonien, viele auch in Deutschland, folgten später dieser Idee, die sich sogar zu einer Bewegung auswuchs. Kreisrund wurden die meisten Gartenstädte dann angelegt. Eine Geometrie, die Wien in seiner Stadtentwicklung ohnehin schon verinnerlicht hatte. Siehe Ringstraße und Gürtel. Da brauchte es keinen Ebenezer Howard.

In konzentrischen Kreisen war die Stadt gewachsen, da war es fast konsequent, dass manche Stadtplaner Wien noch den einen oder anderen Gürtel anlegen wollten. Zumindest jene, die beim Wettbewerb zum „Generalregulierungsplan" eingereicht hatten, im Jahr 1894. Die Prognosen verhießen ja auch Spektakuläres: Wien rechnete mit bis zu vier Millionen Einwohnern in den nächsten Jahrzehnten. Da wollte man vorbereitet sein. Da war es höchste Zeit eines für die Stadt zu regeln, was der Cottage Verein schon längst mit seinen Servituten erledigt hatte: das Verhältnis zwischen Grün, Natur und Landschaft. Denn dass die Stadt der Zukunft nicht nur aus Häusern und Pflastersteinen bestehen durfte, das wurde Wien inzwischen auch schon klar. Und dass man beim Wachsen nicht nur bauen sollte, sondern auch in manchen Fällen sogar nicht bauen, das dämmerte auch schon einigen Stadtplanern. Otto Wagner etwa fügte seinem städtebaulichen Leitbild ein paar Gedanken hinzu: „In sanitärer Beziehung von allergrößter Wichtigkeit sind die öffentlichen Parks, Gärten, Kinderspielplätze und bepflanzte Alleen. Und zwar nicht allein als Luftzentren und zur Erholung …" Der Entwurf des Stadtplaners Eugen Fassbender sah eine Zone vor, die unverbaut bleiben sollte, sechs Kilometer außerhalb des Zentrums. Eine grüne Pufferzone, die „gärtnerisch ausgestaltet“ werden sollte, wie er in seine Einreichung schrieb. Er schlug vor, „einen Gürtel grünen Angers zu schaffen und ihn von jedweder Verbauung auszuschließen“. Dieser Gürtel zieht sich um die ganze Stadt herum und ist schon einmal aus hygienischen Gründen höchst wertvoll für Wien, denn seine Fläche bildet zusammen mit der Fläche des Donaustromes, welche den Kreis gleichsam schließt, gewissermaßen einen Gesundheitsgürtel

Wenn Josef Schöffel mit seiner Zeitungskampagne nicht den Wienerwald gerettet hätte, hätte auch das Cottage-Viertel nicht so viel frische Luft.

für die Stadt. Dieser Gürtel grünen Angers soll sonach vorzüglich demso Wohle des Volkes dienen und wir heissen ihn daher Volksring." Noch etwas hatte Fassbender auch nicht vergessen anzumerken: „Insbesondere sind die vorhandenen Wälder zu schonen." Ein Entwurf, der gleichermaßen zum Exposé geriet von dem, was Bürgermeister Karl Lueger 1904 beschließen sollte: „Im Interesse einer dauernden Sicherung der Gesundheitsverhältnisse unserer Stadt, sowie zur Erhaltung des landschaftlich schönen Rahmens, der Wiens Grenzen schmückt, will ich einen Wald- und Wiesengürtel an der Peripherie der Stadt, angepasst den heute dort bestehenden Verhältnissen, in entsprechender Breite von den Hängen des Leopold- und Kahlenberges bis zur Donau im Bezirksteile Kaiser-Ebersdorf für alle Zeiten festlegen."

Gut, dass damals überhaupt noch genügend Wald und Wiese da war, die man schützen konnte. Das hätte auch anders ausgehen können. Gerade als der Cottage Verein sein Projekt auf Schiene brachte, stand der Wienerwald auf der Kippe. Die vielen Kriege des Jahrhunderts hatten die Kassen geleert. Durch den Verkauf von staatlichem Besitz wollte man sie wieder füllen. Der Wienerwald sollte dabei eine der Perlen sein, die man zu Geld machte. Der Holzhändler Moritz Hirschl hatte schon die Äxte wetzen lassen für die Schlägerung. Da kam ihm, gerade noch rechtzeitig, eine Medienkampagne dazwischen. Im „Neuen Wiener Tagblatt" kämpfte einer mit Worten erfolgreich für den Wienerwald: Josef Schöffel. Zupass kam ihm der Börsenkrach, der auch die Baukonjunktur zum Einsturz brachte und damit auch die Nachfrage nach Holz. „Ich wünsche mir nur, dass, wenn der Wienerwald, was nicht unmöglich ist, wieder einmal von Spekulanten bedroht werden sollte, sich zur rechten Zeit ein Mann finde, der denselben mit Erfolg verteidigt", soll Schöffel gesagt haben. In Währing ist die Schöffelgasse nach ihm benannt.

Der Türkenschanzpark

Wie die Sommerfrische, so der Garten: Lange war beides ein Privileg. Jene mit genügend Geld, Platz und Freizeit bastelten schon länger an Landschaften, die ganz privat waren, hingezirkelt wie aus dem Mathematik-Lehrbuch. Natur schön und gut. Aber bitte nicht diese wie zufällig hingewürfelte. Da wollte man ihr schon selber die Winkel, Kurven, Geometrien und Linien vorschreiben. Um dann entlang dieser eine seltsame Fortbewegunsform zu praktizieren: das „Lustwandeln". Gemeinsam mit den Gärten vor ihren Sommersitzen hatten die Adeligen vor allem auch in Währing noch etwas angelegt: den Ruf des Ortes als „Gartenvorstadt". Und allmählich folgten auch Bürger und alle anderen diesem und anderen Rufen hinaus nach Währing, ins Grüne. Doch lange waren die Städter ohne Privatgärten auf das angewiesen, was ihnen die Mächtigen gönnten: Großzügigerweise beschloss erst einmal Joseph II. eines seiner Jagdreviere mit allen anderen zu teilen: den Prater. Das war 1766. Und überhaupt war er spendabel beim Verteilen von Grünflächen: Schon 1775 machte er den Augarten allen zugänglich. Die Zielgruppe „alle" betont noch eine Inschrift über dem Eingang bis heute: „Allen Menschen gewidmeter Erlustigungs-Ort von ihrem Schaetzer."

In Nähe der Innenstadt war der „Volksgarten" der erste Garten, der einen Erholungsraum von „privat" auf „öffentlich" drehte. Die Franzosen hatten schon Vorarbeit geleistet. Als sie 1809 Wien besetzt hatten, sprengten sie eine Lücke in die Burgbastei. Und so sinnlos wie die Befestigung schon damals war, wäre es auch gewesen, die Bastei wieder aufzubauen. Da nutzte man zum ersten Mal in Wien eine Qualität, die noch heute städtebaulich zum Standardrepertoire gehört: nämlich die „Lücke", das „Frei- und Weglassen", das später auch in das Planungsprinzip des Cottage-Viertels eingehen sollte. Der Heldenplatz wurde angelegt, der Kaiser bekam seinen Privatgarten, den „Burggarten", und das Volk seinen öffentlichen „Volksgarten". 1823 wurde er eröffnet. Und für „alle" da war er längstens nicht. Die Arbeiter von den Wienerberger Ziegelteichen hätte man dort nicht so gerne flanieren gesehen. Im Volksgarten drehte der gehobene Mittelstand, Beamte, Offiziere, das Bürgertum seine Runden. Und während diese so vor sich hin flanierten, die Arbeiter weiter malochten, wehten noch ein paar grüne Gedanken von England herüber. Dort hatte sich die Überzeugung verfestigt, dass Parks und Grün zum sozialen Wohlbefinden beitragen könnten. Die Idee eines „Volksparks", der das ganze Volk hereinlässt, formierte sich. Aber nicht unbedingt, weil ein paar nette Menschen anderen etwas Gutes tun wollten. Die Wirtschaft sollte auch etwas davon haben. Wenn die arbeitende Klasse ausgeruht und gut erholt malocht, können sie auch besser für den Reichtum der anderen sorgen. In Wien fiel neben den Basteien beim Bau der Ringstraße auch für die Öffentlichkeit etwas ab: der „Stadtpark“, der erste der Stadt, den die Stadt für seine Bewohner anlegte. Dieser war auch ästhetisch schon ganz anders ausgefallen: Denn in England war der Gegenentwurf zum streng symmetrischen Barockgarten entstanden. Ein Park, der gar nicht mehr so „entworfen“ aussehen sollte. Er nahm sich die natürliche Landschaft zum Modell, der „Englische Landschaftspark“.

Fast könnte man meinen, man wäre am Semmering: Das spätere Wilhelm-Exner-Haus der BOKU steht unweit des Türkenschanzparks.

Frischluft im Westen

Das dichte, laute, staubige Zentrum hatte nun schon seine ersten luftigen Leerstellen. Aber auch im Westen der Stadt, dort, wo der städtische Schwerpunkt allmählich hinkippen würde, so die Prognosen, wollte man vorsorgen. Mit einem Luftreservoir. Jetzt, wo der Wienerwald gerettet war. Und berühmte Ärzte wie Theodor Billroth Luftgutachten ausstellten. Die selbsternannte „Gartenstadt“, das Cottage-Viertel, bekam noch einen Garten dazu. Einen riesigen, der fast so schön eingefriedet wurde wie die allerschönsten Villengärten im Cottage. Schon einfach rund um den Türkenschanzpark am Zaun entlanggehen, wäre eine ästhetische Erfahrung. Das ist der Einfriedung mit Jugendstilornamenten zu danken,

So weit hat man früher von der Paulinenwarte über die Stadt geschaut.

die der Wiener Architekt Cesar Poppovits im Jahr 1903 ausführte, auf einer Länge von 1,6 Kilometern. Und innerhalb des Gitters wurde es noch schöner: Da mischen sich noch heute die kunstvoll gesetzten Eindrücke, Blickachsen, Blickfänge zu einem Gesamteindruck, der einen vollständig von der Stadt entrückt. So lange wie ein Parkspaziergang dauert, kann man hier die Pracht unterschiedlichster Landschaftsformen genießen.

Auch Arthur Schnitzler hätte nicht so eifrig im Türkenschanzpark seine Runden drehen können, wenn sich nicht wieder jener Herr ungefragt in die Stadtentwicklung Wiens eingemischt hätte: Heinrich Ferstel. Da ist er wieder. Wie schon oft waren seine Initiative und seine Ideen beteiligt hier oben auf der Türkenschanze. Und während die Gestalter die Gärten der Villen im Cottage zu Miniaturlandschaften modellierten, entstand durch Engagement und finanzielle Zuwendung von vielen Seiten eine Landschaft für alle. Am 29. April 1883, einige Villengärten im Cottage-Viertel waren da schon fertig ausgestaltet, wurde unter dem Vorsitz von Heinrich Ferstel das „Comité zur Anlage eines öffentlichen Parks auf der Türkenschanze" gegründet, danach ein Verein, bei dem auch Ferstel den Vorsitz übernahm und zu dem auch viele Mitglieder des Cottage Vereins beitraten. Als Ferstel starb, folgte Carl Hasenauer nach – die Hasenauerstraße, die früher die Parkstraße war, ist nach ihm benannt. Und es war wie in den Jahrzehnten davor: Grün für alle, das war nur möglich, indem sich einige Leute großzügig zeigten. Oder beharrlich. Der Fuhrwerksunternehmer Severin Schreiber war so nett, einen Teil seiner Sand- und Schottergrube dem Verein zu verkaufen. Auch der spätere Bezirksvorsteher von Währing, Jakob – oder wie er sich nannte: Jacques – Gerlach, spendete. Auch der Baumeister Ferdinand Oberwimmer zeigte sich spendabel. Er hatte einen Großteil der ersten 50 Cottage-Häuser ausgeführt und sich ein prachtvolles Haus von den Architekten Fellner & Helmer in die Weimarer Straße 49 setzen lassen. Oberwimmer stellte Parzellen und Geld zur Verfügung, seine

Die Paulinenwarte verdankt ihren Namen Pauline von Metternich, einer der großzügigsten Gönnerinnen und Spenderinnen des Türkenschanzparks.

Villa hatte wie so viele andere ihre privaten Türmchen. Im Türkenschanzpark stand bald ein Türmchen für alle. 23 Meter hoch, die Paulinenwarte. Von dort konnte man über alle anderen Villentürmchen hinwegschauen. 1888 kutschierte Kaiser Franz Joseph wieder an, um den Park zu eröffnen. Direkt vor dem Turm sprach er so große und denkwürdige Worte, dass sie auch schleunigst in eine Gedenktafel am Turm eingemeißelt wurden. Denn vor lauter Weitblick, blickte der Kaiser in seine Wunschzukunft: „Ich wünsche herzlichst, daß mit dem Blühen und Gedeihen dieses jungen Gartens, auch der erfreuliche Aufschwung der Vororte, welche sobald dieß möglich sein wird, auch keine physische Grenze von der alten Mutterstadt scheiden soll, stets zunehme." 1892 erfüllte sich des Kaisers Wunsch. Die Vororte wurden Teil von Wien. Genauso wie der Türkenschanzpark.

Die Paulinenwarte verewigte kaiserliche Worte, aber auch den Namen einer der wichtigsten Gönnerinnen des Parkes: Fürstin Pauline Metternich. Sie spendete exotische Pflanzen. Auch Baumschulen in Europa schickten großzügig Pflanzen und Nadelhölzer nach Wien, lokale Gärtnereien genauso. Adelige brachten Laubgehölze ein. Das organische „Baumaterial" trudelte von allen Seiten herein und wurde von dem Stadtgärtner Gustav Sennholz zu vielfältigen ästhetischen Eindrücken arrangiert. Fast wie ein „Arboretum" wirkte der Park, mehr als 400 verschiedene Gehölzarten wurden in die Erde der Türkenschanze gesetzt, Anfang des 20. Jahrhunderts ging der Park noch als botanische Sehenswürdigkeit durch. Und wer nicht Gehölz, Parzelle oder Geld beitragen konnte, der teilte zumindest seine Sympathie mit dem Projekt. Und davon gewann das Vorhaben besonders viel. Auch durch organisierte Werbeaktionen. Als 1902 Wien seinen Regulierungsplan beschloss, war das Areal rund um die Türkenschanze noch immer eine Sandgrube und endgültig von weiterer Bebauung ausgeschlossen. Aber es befand sich noch in Privatbesitz. Ein paar Jahre wurde gestritten, dann verkauften die Besitzer 96.000 Quadratmeter an die Gemeinde. Und der Park wurde 1910 auf seine heutige Größe erweitert. Rechtzeitig als Arthur Schnitzler ins Cottage zog und hier seine Runden drehen wollte. Genau das wollte die Gestaltung ihm und allen anderen Parkbesuchern leicht machen: das „Wandeln". Der Türkenschanzpark ist nämlich ein „Wandelpark“, wie der Gartenhistoriker Christian Hlavac erzählt. Da schlängeln und schlingen sich Wege das hügelige Terrain hinauf, formen sich zu riesigen Brezeln, die den Spaziergänger in Endlosschleifen entführen. Und dabei kommen sie auf „Brezelwegen“ an den unterschiedlichsten landschaftlichen Szenarien vorbei. „In einem Wandelpark kann man stundenlang spazieren, ohne den gleichen Weg doppelt zu gehen.“ So soll sich der Fußgänger schließlich auch ein wenig verlieren, jedoch eher in einem Gefühl als in einer Gegend: nämlich in jenem, dass die Stadt weit, weit weg ist, obwohl sie ein paar Meter weiter ohnehin wieder lärmt und in der Hitze brutzelt. Das Grün hält jedenfalls ein paar urbane Nebenwirkungen auf Distanz: visuell und auch akustisch. „Man bräuchte ja theoretisch ein Gesträuch von 70 Metern Tiefe, um den Lärm zumindest um die Hälfte zu reduzieren“, rechnet Hlavac vor. Doch das Hirn nimmt auch gerne eine Abkürzung

und denkt sich die Umgebung leiser als sie ist – solange die Augen nur genügend Grün sehen. „Das Gehirn täuscht uns, die subjektive Lärmwahrnehmung reduziert sich allein durch Grün schon deutlich."

Seine Erholungsfunktion erfüllt dieser Park heute nicht nur für die unmittelbare Nachbarschaft wie jene Grünflächen in den neuen Stadtquartieren. „Die Menschen kommen aus anderen Bezirken auch gern her", erzählt Hlavac, der nicht nur Parks historisch betrachtet, sondern auch beobachtet, wie sich Parkanlagen gestalterisch entwickeln, gemeinsam mit den Anforderungen, die an sie gestellt werden. „Der Türkenschanzpark ist bei Läufern beliebt", hat Hlavac festgestellt. Und diese haben neben den angelegten Wegen ihre eigenen Linien eingezogen: „Eine Nutzungsspur, die sich entwickelt hat über Jahrzehnte." Sie begleitet die Schleifen und Kurven der Wege, von denen man ständig neue Per-

Im Türkenschanzpark befand sich ein riesiger Schanigarten samt Musikpavillons. Die Gebäude wurden im Zweiten Weltkrieg beschädigt, später abgetragen.

spektiven und Blickachsen auf Botanik und Wasserflächen legen kann. Oder man durchstreift den Park nur mit den Augen. Während man sitzt. Das funktioniert auch. Auf den klassischen Wiener Parkbänken, von denen der weiße Lack auf dem Gusseisen so charmant absplittert. Oder man setzt sich zum Kaffee. Mit anschließendem Wiener Schnitzel. Eine Möglichkeit dazu bietet der Türkenschanzpark heute noch, die „Meierei". In früheren Zeiten hatten die Besucher noch mehr Optionen. Zwei Restaurants waren hier. Eines befand sich an der Gregor-Mendel-Straße, die damals Hochschulstraße hieß. Das „Café und Restaurant im Türkenschanzpark" hatte einen riesigen Gastgarten, zwei Salettln und die Jugend traf sich zu Tanzveranstaltungen. Das Lokal wurde durch Bomben teilweise zerstört und schließlich 1955 abgerissen.

6

Als die Häuser Villen wurden

Das Zentrum Wiens hat seine Häuser und sein Stadtbild. Und auch der Rand hat sein ganz eigenes. Manchmal rutscht natürlich etwas von dem einen hinüber ins andere. Wie etwa die Universitätssternwarte. An die Türkenschanze hatte es sie schließlich verschlagen. Mitsamt einem architektonischen Gestus, der auch gut dort hingepasst hätte, wo der theatralische Auftritt schon bestens eingeübt war: im Zentrum an der Ringstraße. Der imposante Bau spult sein prunkvolles Gehabe heute still und unsichtbar ab. Der Sternwartepark trennt ihn als Vorhang vom Ad-hoc-Publikum. Doch gleich außerhalb der Mauern, die den Park umschließen, ist das Cottage die Bilderbuchversion von einem Stadtrand. Obwohl der aktuelle Rand der Stadt inzwischen natürlich viel weiter westlich liegt. Doch an der Türkenschanze haben unterschiedlichste Hände, Köpfe und Kräfte am Stadtbild mitgemalt. Und dabei in der Vergangenheit doch so stark aufgetragen, dass hier nostalgische Gefühls- und Stimmungslagen umso besser durchblitzen können als anderswo in Wien. „Ein ungemein anheimelnder Complex aus richtigen Cottagen“ war da entstanden, das schrieb man

Die Weimarer Straße, ehemals Carl-Ludwig-Straße, an der Ecke zur Haizingergasse.

schon einige Jahre nach dem ersten Spatenstich. Und denselben Einruck können heute noch Spaziergänger im Cottage gewinnen. Die meisten Stimuli dafür legte die Architektur. Mit Häusern, die schon bald, wie auch die Denkschrift des Cottage Vereins nach 15 Jahren des Bestehens bemerkte, „stolz den Namen Villa" trugen.

In der konzentrischen Wachstumsordnung Wiens steht eines fest: Die Häuser werden niedriger, je näher man dem Stadtrand kommt. Auch umso freier stehen sie, je weiter man den Dunstkreis der Stadt verlässt. „Frei" und „niedrig", allein diese zwei Merkmale von Häusern wollte der Cottage Verein auf seinem Experimentierfeld, der Türkenschanze, installieren. So entstand das erste Glied eines Gürtels, der sich – nicht durchgehend, aber doch – auch rund um Wien gelegt hat: der Villengürtel.

„Villenstädte, das ist der jüngste Altersring, der sich um die Großstädte herum bildet. Wo städtische und ländliche Kultur einander begegnen, entstehen sie als Drittes", schrieb Joseph August Lux in seinem Buch „Das moderne Landhaus. Ein Beitrag zur neuen Baukunst". Das war im Jahr 1903. Lux glaubte an die Wirkung der Architektur. Gefühle würde sie auslösen. Und: Vor allem Bauernhäuser könnten Glücksgefühle triggern bei Städtern, meinte er. Emotionale Zustände, die Städter auch erst einmal verarbeiten müssen. Und wenn sie dann tatsächlich vor einem Bauernhaus stehen, ist es auch um sie geschehen: Die Städter überströmt „eine Sehnsucht, auch ein solches Haus zu haben, darin sichs so schön wohnen läßt, mit einer Familie in dem sicheren und frohen Behagen, irgendwo daheim zu sein, ein eigenes Dach zu haben und Räume darunter, die sich wie ein Organismus an das Leben der Familie anschließen".

Und auch die Häuser, die später an Wiens Peripherie zu Villen gerieten, lösten so einiges aus: In ihren Salons, auf ihren Loggias, in ihren Gärten, da schienen Stadt und Land tatsächlich wundersam zu überblenden. Atmosphärisch, aber auch in der Architektur. Denn von den Polen Stadt und Land holte sie sich Formen und Elemente in ihre Mitte. Denn ungewohnte Bauaufgaben warteten auf die Architekten. Überall dort, wohin die Städter ihren Radius erweiterten. Weil jetzt die Schienen hinführten oder die Stellwägen. Oder weil die Seile der Aufstiegshilfen plötzlich auch dort endeten, wo man sich früher gar keine Häuser vorstellen konnte. Dort draußen vor der Stadt lagen Freiräume, die Architekten gestalterisch so noch nicht gekannt hatten. Irgendwo zwischen Bauernhaus und Sommerpalais musste doch Platz sein für eine neue Haustypologie: die Villa. Und wie üblich zogen die Gestalter dafür erst einmal die Schablonen aus den Schubladen.

Begonnen hatte das Bauen im Cottage jedenfalls mit dem Bekenntnis zur Schlichtheit – eine der stilistischen Zielvorgaben der ersten Häuser. Auch die Aufgabe der Häuser selbst war eine schlichte: Sie sollten Familien ein Zuhause sein. Vor allem jenen, die ihre passende Wohnform noch nicht gefunden hatten. Die ersten Häuser an der Türkenschanze gingen mit bescheidenen Zielen an den Start. Mit einer reformatorischen Idee, die so etwas wie behagliche Zweckmäßigkeit salonfähig machen wollte, für die Mittelschicht. Und wie das aussehen sollte, das war schon vorskizziert lange bevor man die ersten Cottage-Häuser fotografieren oder aquarellieren konnte: In der Schrift „Das Bürgerliche Wohnhaus und das Wiener Zinshaus“ hatten Heinrich Ferstel und Rudolf Eitelberger wesentliche Punkte detailliert angeführt. Die Größe allein war schon ein Faktor, mit dem man aus dem Mainstream ausscheren konnte. Man musste einfach nur kleiner denken, als es bisher in Wien üblich war. Und das in einer Zeit, in der sich mehrere Baublöcke oft zu Mietungetümern à la Heinrichshof formierten. Ein Haus für eine Familie, das müsste reichen. Die Verfasser hatten das schon 1860 vorgeschlagen. Also die Parzellengröße so weit herunterzuschrauben, dass Monstrositäten gar keinen Platz mehr darauf finden. Das macht die Parzellen auch leistbarer: „Die Theilung der Bauflächen in kleinere Parzellen war unbedingt nothwendig, wenn ein Zweck der Stadterweiterung, nämlich die Wohlfeilheit der Wohnung erzielt werden sollte.“ Ferstel und Eitelberger hatten schon konkret mit einem Baugrund von 432 Quadratmetern kalkuliert, von denen 73 Prozent verbaut werden sollten. Und: Man sollte „in die Tiefe“ bauen, nicht in die Breite. Ferstel, Eitelberger und später die Prinzipien des Cottage Vereins führten das Haus zurück zu seiner urtümlichsten Funktion: nämlich eine sichere Hülle zu sein, für einen Kern, den sie beschützt und den man mit „Lebensraum“ für das Bürgertum füllen wollte. Aber auch das Bürgertum musste zu jener Zeit erst herausfinden, wer man selbst war, bevor man wissen konnte, wie man wohnen wollte. Manche bürgerlichen Familien sind im 19. Jahrhundert schneller sozial aufgestiegen, als dass sie in Ruhe passende Gefühlslagen dazu entwickeln hätten können. Geschweige denn einen eigenen Geschmack. Einer, der nicht recht unbeholfen und dazu plump geborgt war aus der Aristokratie. Denn „Wohnen“ überhaupt, das hatte im Grunde auch der Adel erfunden. Also die Form von Sein, bei der man gerade nichts Überlebenswichtiges erledigen muss, wie sich um das Essen zu kümmern oder zu arbeiten. Der Adel hat die meisten Konzepte des Wohnens auch für das Bürgertum salonfähig gemacht: Etwa, dass man Zimmer voneinander trennt, um einzelnen Räumen eigene Aufgaben zuzuschreiben: Kochen, Schlafen, Leute treffen. Also nicht alles gleichzeitig und am gleichen Ort stattfinden zu lassen: das Arbeiten, das Aufstehen, das Feuermachen, das Essen, das Hinlegen. So war es üblich in vielen Häusern zuvor. Beim Adel besorgte sich das bürgerliche Wohnen seine Abziehbilder. Und die Architekten applizierten sie brav. An den Fassaden genauso wie in den Innenräumen.

Doch im Cottage sollte sich dann doch eine bürgerliche Benutzungslogik auf den Grundrissen der Häuser entfalten dürfen. Auch weil die Architekten des Cottage-Viertels genau das forcierten. Sie kümmerten sich um die Anordnung der Zimmer, darum, wie viel Platz man einzelnen Aufgaben einräumte. Sodass sich die soziale Kerngruppe, die Familie, in ihrem Alltag auch geschmeidig in den Häusern zu entfalten vermochte. Dafür hatten die Architekten rechtzeitig und konsequent ihre Antennen ausgefahren. Heinrich Ferstel hatte ohnehin bei den Cottages in England so einiges aufgeklaubt. Was „Villa“ schließlich bedeuten und auch sein sollte, das war anfangs noch nicht ganz so klar. Ferstels erste Annäherungen an die neue Bauaufgabe gerieten jedoch eher zu Schlössern im Kleinformat. Wie etwa in Reichenau, wo er die Villa Wartholz baute. Dort war der Bauherr allerdings auch adelig und noch dazu blutsverwandt mit dem Kaiser: Ferstel baute sie für Erzherzog Karl Ludwig. Fertig war sie im Jahr 1872, dem Jahr, in dem sich der Cottage Verein gründete und Karl Ludwig auch sein Protektorat übernahm. Ein ziemlicher Werbeeffekt zu jener Zeit, kaiserliche Testimonials waren nach wie vor die wirksamsten. Als Modell für Wiens erste ernsthafte

Villenkolonie konnte die Karl-Ludwigs-Villa in Reichenau aber nicht taugen. Obwohl sich Varianten davon Jahre später tatsächlich noch ins Stadtbild einschlichen.

Im Cottage-Viertel selbst hatte Karl Ludwig später trotzdem seinen Auftritt. Nach seinem Tod wurde am heutigen Richard-Kralik-Platz ihm zu Ehren ein Brunnen samt Obelisken errichtet, der 1954 nach Bombenschäden abgetragen wurde. Rund um diesen Platz hatte sich die Vorstellung von „Villa" schließlich dann doch ganz anders ausformuliert als in Reichenau. Die Planer in der Baukanzlei des Cottage Vereins, sie legten konkret ganz andere stilistische Vorgaben auf den Tisch. Und definierten damit auch mit, was „Cottage" heißen und später unter „Villa" wahrgenommen werden sollte.

Dreizehn Vorschläge, wie diese Typologie aussehen konnte, hatte die Baukanzlei des Cottage Vereins in der Schublade. Und der passende Katalog dazu war die die Anlage selbst. Ein Showroom der Möglichkeiten unter freiem Himmel, eine Mustersiedlung, die auch ein Signal nach weiter unten, in die Stadt, schicken sollte, auf die man von hier heroben so schön schaute: Seht her, wie es auch funktionieren kann. Eine ungefragte Antwort auf vieles, was so schieflief, beim Bauen und Wohnen in Wien – in ökonomischer, ökologischer, sozialer und hygienischer Hinsicht.

Ein Haus, ein Cottage, eine Villa

Das Bild von „Villa" war lange ziemlich unscharf. Auch weil sich in ihr so viele andere Vorstellungen überblendeten, jene vom Land mit jenen von der Stadt. Was da auf dem frisch parzellierten, erdigen Abhang

Aufstellung nahm ab 1873, war das schon eine Villa? Zumindest „Villenkolonie" wurde die Gegend bald genannt in den Zeitungen. Oder waren es Landhäuser am Stadtrand? Also „Cottages" mit Stadtblick? Oder doch Formen einer „Villa Urbana"? Alles irgendwie zugleich. Nur stand der Begriff „Villa" anfangs noch nicht ganz so explizit auch für „wichtig" oder „außergewöhnlich". Bis vor kurzem, bis zur Mitte des 19. Jahrhunderts, stand das Wort überhaupt hauptsächlich für das Landhaus der Römer. Auch der Ausdruck „Cottage" war noch nicht gängig, außer für jene, die die Wohnform begeistert vor Ort in England gesehen hatten. Wie Heinrich Ferstel eben.

Jedenfalls war die Welt des wohlhabenden Wohnens bereit, in neue Häuser einzuziehen: in die Villa. Denn dank ihr und dank Heizungen musste man das Leben nicht mehr mühsam aufteilen zwischen Land und Stadt. Zwischen ein paar Monaten Moloch. Und ein paar Monaten Idylle. Häuser durften endlich Villen werden. Und Villen wurden endlich alles: Stadthaus, Landhaus, Lebensmittelpunkt. Schnell wurde ziemlich viel zur „Villa" deklariert. Da reichte es manchmal schon, wenn die Häuser freistanden und nicht zu klein geraten waren. Auch die Architekten wirkten mit an der freien Interpretation von „Villa". Schließlich durften sie endlich das bemühen, was ihnen der rückwärtsgewandte Mainstream an der Ringstraße so lange verwehrt hatte: die Fantasie. Das Cottage-Viertel wurde zum Villenviertel, schneller als sich der Efeu an der Fassade hochranken konnte. „Villa" geriet zum Prädikat: eine Auszeichnung, die Häuser adelte, sie wichtiger und größer machte, als sie tatsächlich waren. Und ihnen noch dazu ein paar Attribute implizit verlieh. Wie etwa „ansehnlich", „lieblich" oder „liebreizend". Alles Komplimente, die Beobachter und Presse gerne und großzügig für das Cottage-Viertel verteilten, schon in seinen frühen Jahren.

Das auffälligste Merkmal einer Villa: Sie hat eine innere Welt. Und eine äußere. Fast so ähnlich wie Wien. Stadt und Haus haben ein „Drumherum", eine Art Grüngürtel, ein Luftreservoir. Das Haus steht frei. Deshalb sind im Cottage-Viertel auch nicht die Häuser die Komplexe, sondern das Viertel, in dem diese Häuser stehen, ist der Komplex. Gebaut aus vielen architektonischen Einzelgängern, die doch als Ensemble auf die Bühne treten. Und noch etwas – es gehörte von Anfang an auch zur Grundidee, wie sie bereits Ferstel ausformuliert hatte und wie sie der Cottage Verein schließlich umsetzte: Die Häuser sollten „eigene" sein. Folglich: Die Bewohner sollten sie irgendwann auch besitzen. Denn üblicherweise wohnten die meisten Menschen

1884 baute Carl Borkowski eine Villa in der Colloredogasse 27 – für sich selbst. Bis 1892 wohnte er dort mit seiner Familie.

im 19. Jahrhundert in den Häusern anderer. So schrieb Ferstel in der Schrift „Das bürgerliche Wohnhaus und das Wiener Zinshaus“ von den Mietnomaden, die die steigenden Mieten von einer Wohnung in die nächste trieb. Allein dass Menschen die Häuser besitzen sollten, die sie nutzten, würde beide enger miteinander verbinden. Und so hat sich gerade im Cottage die Geschichte der einen mit der Biografie der anderen enger verknüpft als anderswo in Wien. Wo sonst Menschen mit ihren Biografien durch Immobilien nur so durchrauschten, dass sie kaum Spuren hinterlassen konnten.

Allzu sehr verändert hat sich die Villa auch bis in die Gegenwart nicht: Die Sichtziegel dominieren noch heute die Fassade.

Für die ersten Häuser im Cottage-Viertel, die ab 1873 Gestalt annahmen, war vor allem ein Architekt zuständig: der Chef der Baukanzlei des Cottage Vereins, Carl Borkowski. Insgesamt 170 Häuser sollten unter seiner Leitung und nach seinen Entwürfen im Cottage-Viertel entstehen. Er war beliebt, bekannt und 1888 auch zum „Ritter von" geadelt worden. Begraben ist er am Döblinger Friedhof, wo viele letzte Wege im Cottage-Viertel hinführten. Und verewigt wurde er auch noch: in der Borkowskigasse im 19. Bezirk, heute hauptsächlich als Parkplatz für die Mitarbeiter der BOKU in Gebrauch, sie führt von der Peter-Jordan-Straße auch direttissimo zu einem der schönsten Schanigärten der Gegend, jenem des „Salettl", ein achteckiger Holzpavillon, den der Schüler von Otto Wagner, Friedrich Pindt, 1932 in die Hartäckerstraße 80 hingestellt hatte. Fast 60 Jahre vorher war Borkowski dran, die Gegend zu gestalten. Und stilistisch griff der Architekt sogar noch viel weiter in der Geschichte zurück. Er borgte sich vorzugsweise Stilvorlagen in der Spätgotik. Zusätzlich mischte er sie mit Elementen aus der deutschen Renaissance und gönnte der anfänglichen Schlichtheit auch den einen oder anderen geschnörkelten Holzzierrat unter dem Dach. Fast 23 Jahre war Borkowski so etwas wie der „Creative Director" des Cottage-Viertels. Er verantwortete die Entwürfe, managte aber auch das ästhetische Gesamtbild des Villenensembles. In der ersten Bauphase folgten 50 Häusern insgesamt 13 Normalplänen. Vor allem in der Weimarer Straße geht man heute noch an ziemlich vielen Häusern vorbei, an denen Borkowski zumindest mitgezeichnet hatte. So auch an der Nummer 59, Ecke Colloredogasse 19. Dort wohnte einst der Großindustrielle Fritz Waerndorfer, einer der wichtigsten Förderer und Kunstmäzene im Wiener Fin de Siècle, er unterstützte die Sezession und die Wiener Werkstätte. Kein Wunder, dass Gustav Klimt und Josef Hoffmann gerne in seinem Garten zum Plaudern saßen. Und dort im Garten hätte sich Gastgeber Waerndorfer auch einmal einen Geräteschuppen gewünscht. Aber: Die Baukanzlei verwehrte dies aus ästhetischen Gründen und erklärte das so: „Da hierdurch ein dem Charakter des Cottagegebietes widersprechender Bauzustand geschaffen wurde." Das waren noch strenge Zeiten. Im Inneren dagegen konnte Waerndorfer stilistisch niemand etwas verwehren. Zum Glück. So konnte sich dort Josef Hoffmann gestalterisch austoben. Und sogar Charles Rennie Mackintosh aus Glasgow, den Waerndorfer eingeladen hatte, den Musiksalon in seiner Villa einzurichten.

Draußen auf der Weimarer Straße reihten sich dagegen die Borkowski-Entwürfe, meist in Sichtziegeloptik, stimmig, harmonisch und brav aneinander. Etwa auf Nummer 78, eine Villa, die 1887 für den Generalstabsarzt Moritz Bartl errichtet worden war, oder auch auf der Nummer 73, die Villa Raimann, auf Nummer 72, Ecke Colloredogasse 17, die Schönbauer-Villa, das Haus von Leopold Schönbauer, einem der bekanntesten Chirurgen und Krebsforscher seiner Zeit. Auf Nummer 65 steht eine Villa, gebaut nach Borkowskis Plänen, die vor allem durch die rumänische Opernsängerin Maria Cebotari bekannt geworden ist. Stilistisch ist sie ein Ausreißer: Sie erinnert eher an ein barockes Schlössl. Auf Nummer 60 hingegen strapazierte Borkowski seine stilistischen Vorlieben umso mehr: vor allem jene für Türmchen. Das Stiegenhaus ließ der Architekt noch zwei Stockwerke höher zum Turm wachsen. Im Heim des Tonkünstlers Theodor Leschetizky soll auch Oscar Wilde einmal zu Gast gewesen sein und das Haus nicht ohne Inspiration verlassen haben: Angeblich war der Garten der Villa die Gedankenvorlage für seinen Roman „Der Selbstsüchtige Riese". Auch die Nummer 43, so wie die Nummern 42 und 40 wurden unter Borkowskis Leitung der Cottage-Baukanzlei errichtet. Genauso wie die Nummer 33, all diese übrigens gleich im allerersten Jahr der allerersten Baukampagne: Das war 1873. Auch das Haus, in dem Ludwig Boltzmann wohnte, in der Haizingergasse 26, folgte stilistisch den frühen Entwürfen der Baukanzlei. Genauso wie das Haus, in dem der Komponist Erich Wolfgang Korngold eine Zeit lang zu Hause war, in der Sternwartestraße 35.

An diesen Häusern lässt sich der gestalterische Anspruch der ersten Bauphase noch ablesen. Und der war, für damalige Verhältnisse, eher: schlicht. Zweckmäßigkeit war angesagt. Nicht protzen oder extra dick auftragen. Die Häuser sollten der Sache dienen, nicht der Verbreitung der Botschaft, wie wohlhabend der Hausbesitzer war. Grundlegende Wohnbedürfnisse sollten die Entwürfe abbilden. Und das Merkmal „Schlichtheit" half auch noch dabei, die Kosten zu reduzieren. In der Baukanzlei beugten sich auch noch andere über die Pläne und Entwürfe, aus denen die Bauwerber schließlich wählen durften: etwa die Architekten Julius Deininger, Karl Haas und Anton Zöchmann. Sie hielten – wie ihr Leiter – gerne an den Stilschablonen der Vergangenheit fest. Ebenso am Prinzip der einfachen und zweckmäßigen Gestaltung. Vor allem in den Grundrissen sollte sich diese Haltung zeigen. Denn auf ihnen sollte sich ja der Alltag der Bewohner abbilden. Und dazu gehörten Ende des 19. Jahrhunderts noch

Bedürfnisse wie jene nach Wirtschaftsräumen und Küche im Keller. Oder jenes nach Räumen für Gesellschaft, Vergemeinschaftung und Kommunikation. All das fand hauptsächlich im Erdgeschoß seinen Platz. In Form der Speise- und Gesellschaftszimmer. Darüber, im ersten Stock, wurde es privater: Dort zogen oft Wohn- und Schlafzimmer ein. Teilweise wurde auch das Dachgeschoß als Mansardenwohnung genutzt. In einer solchen war etwa auch Gustav Mahler einst untergekommen – im Herbst 1879. Als passionierter Spaziergänger hatte er nicht selten davon geschwärmt, wie schön es denn hier nicht war im Cottage-Viertel! Viele Beobachter und Betrachter hatten einen ähnlichen Eindruck. Das lag natürlich an dem Stilgemenge, das Borkowski und Konsorten hier zusammencollagiert hatten. Aber vor allem auch an den Gärten, die den Gesamteindruck noch einmal ästhetisch abschmeckten.

Haus und Garten

Das Bild von einem „Landhaus“ oder einer „Villa“ – komplett war es nur, wenn man es rund um die Architektur weiterzeichnete: mit viel Grün und Natur. Sonst war es keine Villa. Und ein Haus ohne Garten, das konnte auch kein allzu gesundes Haus sein. Zumindest in der Annahme des späten 19. Jahrhunderts. Denn nach dieser brauchen Häuser viel frische Luft. Und deshalb waren im Cottage-Konzept auch ein Viertel der Parzellenfläche allein dafür reserviert, nicht bebaut zu werden. Gestalten durfte man auf den restlichen Flächen trotzdem: den Garten. Besonders auf der Seite, die der Straße abgewandt war, sollte diese Idee spürbar werden. Dort trafen die Gartenanlagen aneinander, was nicht nur den visuellen Grün-Eindruck multiplizierte, sondern auch den Belüftungseffekt. Vorne pufferte ein Vorgarten das Haus noch einmal ab von den Straßen, die allerdings auch schon begrünter waren als die meisten anderen der Stadt.

Und wenn die Villa im Grünen steht, dann musste sich auch das Haus dem Grün zuwenden. Die Architektur reagierte prompt, am Semmering genauso wie im Cottage: Sie formte einfach möglichst viele Kontaktstellen, Berührungspunkte und Übergangsorte, wo sich „draußen“ und „drinnen“ begegnen durften. Oder gar: überblenden. Das Formenrepertoire dafür war üppig: Balkone, Lauben, Loggien, Terrassen, Erker. Und wenn möglich: große Fenster. Dazu kamen Türmchen in allen möglichen Formen und Ausführungen: Schließlich war der „Ausblick“ schon immer eine der beliebtesten Naturerfahrungen. Auch wenn England selbst von den höchsten Villentürmchen außer Reichweite blieb, es lag doch irgendwie sprichwörtlich vor der Haustür. Im Garten. Oder auch: im englischen Landschaftsgarten. Dort hatte sich nämlich die Haltung gestalterisch durchgesetzt, dass auch ganze Landschaften zwischen Villa und Gartenzaun Platz finden. So durften sich Wege durch den Garten schlängeln, als sei er selbst der Türkenschanzpark. Da war plötzlich eine Grotte vom Salettl nur durch eine Baumgruppe getrennt. Da plätscherte das Wasser so selbstverständlich, als hätte es schon immer dort geplätschert. Am besten, wenn auch noch eine Brücke darüberführt. Die Welt im Miniaturformat zog in die Gärten ein. Die strenge Symmetrie der aristokratischen Gartenvorbilder bekam Hausverbot. Der Garten wollte Landschaft werden. Und manchmal, wenn man so durch die Eisenstreben eines Zauns hineinlugte, war man sich nicht ganz sicher, ob das noch eine Referenz an die Alpen war oder doch schon ein landschaftliches Zitat aus dem Märchenbuch. Erst nach der Jahrhundertwende zog man die Linien im Garten wieder deutlich eckiger und symmetrischer. Als müsste Architektur plötzlich nicht mehr dort enden, wo das Haus aufhört. Die Natur selbst, sie hätte das alles nicht ganz so streng und gerade gezogen.

Die Architekten als Landschaftsmaler

Als das Cottage entstand, war der Garten also zur Landschaft geworden. Und auch die Villa wurde längst als Teil von ihr betrachtet. Deshalb bauten die Architekten nicht einfach nur. Sie malten die Landschaft gleichsam mit. In Reichenau genauso wie an der Türkenschanze. Sie entwarfen Pläne, als hätten sie einen Pinsel in der Hand. Das Merkmal „malerisch“, das gehörte bald zum Schönheitsideal der Villa. Manche Theoretiker hatten das schon Jahrzehnte vorher kommen sehen. In einer Ausgabe der „Allgemeinen Bauzeitung“ von 1838 hatte das schon ein gewisser G. A. Wenzel gefordert: Architekten sollten zu „Landschaftsmalern" werden. Und die Natur mit den Augen des Malers sehen. Dann würde dem Architekten auch auffallen, dass ein Landhaus etwa durchaus wie ein Fels wirken kann. Denn auch dieser zeigt sich dem Betrachter aus jeder Perspektive anders. Ein paar Jahrzehnte später sind manche Häuser im Cottage dann tatsächlich so geraten, als hätten ihre Architekten dem Herrn Wenzel ganz genau zugehört. Vor allem einen Aspekt haben sich viele Gestalter zu Herzen genommen: So streng symmetrisch ist in der Natur kaum etwas. Das Unregelmäßige, das Asymmetrische wurde zur gestalterischen Leitlinie.

Dafür malten die Architekten den Häusern auch Teile dazu, die ein Haus nicht wirklich braucht, um als Haus durchzugehen, aber eine Villa umso malerischer machen: ein paar Zinnen hier, ein Erkerchen da, ein Türmchen dort, wo man es nicht sofort erwarten würde. Dazu eine Kombination aus unterschiedlichen Materialien: ein Sockel aus Stein, eine Fassade aus Ziegel, ein Giebel aus Holz. Ein Haus, so vielfältig abgemischt wie der Eindruck einer Landschaft eben. Da durften auch die Dächer an sich manchmal schon Landschaften sein. Mit steilen Hängen, mehr als nur einem Gipfel, schmalen Graten und tiefen Einschnitten. Ganze Ensembles von Kaminen zeichneten sich wie Felsformationen am Himmel ab. Darunter sprang am Hauskörper manches zuweilen hervor, anderes trat unvermittelt zurück, als wäre es eine eingefrorene Bewegung, die hier die Gestalt eines Hauses annahm. Die Architektur geriet zur Landschaftscollage. So wie Gebirge ihre Gipfel haben, haben viele Häuser im Cottage ihre Türmchen. Und ganz oben auf den Dächern war es auch, wo man das Landschaftsbild des Hauses besonders konsequent modellierte.

Auch im Bericht der „Gartenlaube", aus dem wir schon öfters zitiert haben, sind dem Autor Ernst Keil die schroffen Dachlandschaften ins Auge gesprungen. „Eine Specialität der Cottage-Anlage sind die vielen

Aussichtsthürme, wie dies auch die Zeichnung kund giebt, und welche mancher sonst einfachen Cottage ein ganz stattliches Aussehen verleihen." Denn selbst die schlichten Ansätze aus der ersten Bauphase, von Borkowski und seinen Mitarbeitern in der Baukanzlei, blieben lange nicht so schlicht. Denn mit dem Merkmal „funktional" konnten Publikum, Bauwerber und Bauherren nicht allzu viel anfangen. Und so blieb das Ideal vom zweckmäßigen, aber behaglichen Haus nur der Rohling, über den die Gestaltung anschließend kräftig drüberpinselte. Selbst Carl Borkowski wollte seine Entwürfe im Portfolio dann doch nicht so nackt und allein als „schlichte Häuser" stehen lassen. Schnell waren ein paar Erker appliziert, ruckzuck dockten ein paar Veranden an, wuchs hier ein Türmchen am Eck, schnörkelte sich da ein Giebel auf dem Dach und beulte sich die Fassade zum Erker Richtung Garten aus.

Exkurs 3:

Die Architekten, die im Cottage wirkten

Ins Cottage-Viertel haben so einige Menschen hineingewirkt. Mit ihrem Engagement, mit ihrem Geld, aber vor allem auch mit ihrer Kreativität und ihren Ideen. Ohne die Initiative Heinrich Ferstels wäre das ganze Projekt wohl nichts geworden. Er, der Ideenvater, hat selbst nur ein Haus tatsächlich im Viertel realisiert, in der Weimarer Straße 50, wo das „Cottage Casino“ lange der soziale Knotenpunkt war, dort wurde Theater gespielt und musiziert, dort feierte man Bälle. Doch das ganze Viertel ist sein „Werk“, denn Ferstels Gedanken und seine Haltung legten das Fundament, auf das das Projekt gebaut werden konnte. Die Häuser und Entwürfe, mit denen sich Ferstel prominenter ins Architektenlexikon eingeschrieben hat, hat er anderswo in die Welt gesetzt: von Reichenau bis an die Wiener Ringstraße. Architektonisch wirkte im Cottage-Viertel anfangs vor allem ein anderer: Carl Borkowski.

Er wohnte im Cottage bis 1892, in der Colloredogasse 27, in einer Villa, die er selbst geplant hatte. Er leitete die Baukanzlei des Cottage Vereins. Was an gestalterischen Ideen, Strömungen, Moden von überall hereinwehen sollte – auf den Plänen, die dort auf dem Tisch lagen, schlugen sie sich nieder. Oder auch nicht. Doch so konsequent konnte der Westwind vom Kahlenberg gar nicht über die Dächer der Cottages blasen,

Auch in der Colloredogasse, hier wohnte Carl Borkowski, mussten die Bäume den Häusern erst einmal über den Kopf wachsen.

dass nicht so einiges an Einflüssen auch hier kondensierte. Andererseits holte man sich bewusst Input von außen: wie damals im Jahr 1887, als der Cottage Verein einen Architekturwettbewerb ausgeschrieben hatte. Schließlich wollte man nach 15 Jahren auch die eigene Häuserkollektion, den Musterkatalog gleichsam, einmal aktualisieren. Und erweitern. In der „Wochenzeitschrift des österreichischen Ingenieur- und Architektenvereins" lobte der Verein deshalb eine „Concurrenz" aus. Neue Entwürfe für ein „einfaches Familienhaus" wurden gewünscht, aber auch für ein „größeres Familienhaus" sowie einen Verband von zwei bis fünf Wohnhäusern. Architekten wie Max Kropf oder Josef Unger, die später auch im Cottage-Viertel tatsächlich bauen sollten, beteiligten sich. Und auch einer, den Theodor Herzl später den „ersten Baumeister der jüdischen Renaissance" genannt hatte: Oskar Marmorek. An seinen Vorschlägen sollten sich danach viele andere Entwürfe im Cottage-Viertel ein Beispiel nehmen. Wie damals üblich hatte Marmorek seine Einreichung für ein „Familienhaus" mit einem Motto überschrieben: „Heimchen am Herde". Drinnen auf dem Grundriss dominierte Zweckmäßigkeit. Und draußen alles andere: Veranden, Erker, Balkone und Türmchen pinselte Marmorek eifrig auf den funktionalen Kern. Im restlichen Wien sollte der Architekt allerdings seine Tupfen ganz anders setzen, am Nestroyhof im zweiten Bezirk etwa, oder auch am Rüdigerhof im fünften Bezirk. Und mit dem Jugendstil als neue Handschrift sollte er auch ins Cottage zurückkehren, als er die Villa in der Lannerstraße 28 baute.

Marmorek war enger Freund von Theodor Herzl, der selbst im Cottage-Viertel gewohnt hatte. Im Hochparterre des Hauses Weimarer Straße 68 war er eingemietet. Und auf dem Weg mit dem „rumpelnden Omnibus nach Währing", wie Herzl in seinen Tagebüchern geschrieben hatte, fiel ihm auch der Name seines utopischen Romans ein: „Alt-Neuland". In diesem sollte sogar auch Oskar Marmorek seinen Auftritt haben. Für Herzl entwarf dieser auch das Grabmal am Döblinger Friedhof, damals haben die Architekten ihre Portfolios ziemlich oft mit solchen Entwurfsaufgaben gefüllt. Und auch das Grab seines Vaters gestaltete er. Genau an jener Stelle ist Marmorek schließlich auch aus dem Leben geschieden, auf ziemlich dramatische Weise sogar: Geistig verwirrt dürfte er gewesen sein, als er sich dort erschoss.

Theodor Herzl wohnte in einem Haus, das die Cottage-Baukanzlei geplant hatte. Und in dieser durfte sich auch der Architekt Julius Deininger, unter der Leitung Borkowskis, zum Spezialisten für Villen und Sommersitze profilieren. Vor allem in der Gegend rund um Gutenstein hat er später seine Expertise in malerische Villen umgemünzt. Sogar Jahre nach seiner Zeit in der Baukanzlei hatte Deininger im Cottage ein Comeback: 1897 baute er die Villa Gerlach, die damals die Adresse Dittesgasse 11 hatte. Diesen Entwurf lobte die Wiener Bauindustrie-Zeitung, die laufend Häuser aus dem Cottage vorstellte und kritisierte, besonders. Denn – als hätte der Architekt selbst mit seinen Erkerchen, Türmchen und Holzbalkonen nicht schon genug gemalt – die Fassade sollte auch noch mit einer Al-fresco-Malerei beeindrucken, wie die Zeitung hervorhob.

Der Späthistorismus, das war Deiningers Domäne, das sah man seinen Entwürfen deutlich an. Die Frühe Moderne hingegen, das war die Sache anderer, sie sollte zunächst nur zaghaft, aber allmählich im Viertel wirken. Bis dahin hatte aber der konservative Historismus noch genügend Zeit sich auszutoben. Manchmal wirkte es, als wollte jeder Baustil noch schnell im Cottage vorbeischauen, bevor seine Zeit endgültig abgelaufen war. Ziemlich viele prominente Gestalter waren an der Türkenschanze umtriebig. Aber auch genauso viele, die man in der kunstgeschichtlichen Rezeption häufig übersehen hat. Doch nicht alle großen Namen jener baukünstlerischen Epoche haben sich mit Entwürfen im Stadtbild des Cottage eingetragen. Beeinflusst, wenn auch über Umwege, haben es die meisten aber trotzdem. Manchmal auch nur durch gewisse Zu- oder Umbauten, oder Aufträge, die das Innere betrafen. Wie etwa Adolf Loos. Denn: Bauherren mit Rang und Namen holten sich als Architekten auch gerne Namen, die als klingend galten. Das Architekturbüro von Ferdinand Fellner dem Jüngeren und Hermann Helmer etwa hat sich in der zweiten Hälfte des 19. Jahrhunderts in ganz Mitteleuropa bemerkbar gemacht. Vor allem als ausgewiesene Experten für Architektur gewordene Theatralik: Sie bauten in ihrer Karriere fast so viele Theatergebäude wie die Baukanzlei Borkowski Häuser in der ersten Cottage-Bauphase. 48 Mal prunkvoller Gestus, von der Prager Staatsoper, über das Volkstheater, die Grazer Oper bis – auf die Türkenschanze. Hier bauten sie quasi nur einen Zuschauerraum, denn die Bühne war der Weltraum: Die spektakulär große und üppig geschmückte Sternwarte landete wie ein Komet in der ehemaligen Mondlandschaft der Schotter- und Sandgruben. Umgesetzt hatte das Gebäude, das noch Jahrzehnte brauchte, um gänzlich hinter den Bäumen zu verschwinden, der Stadtbaumeister Ferdinand Oberwimmer. Dieser hatte auch im Cottage-Viertel so einige Villen baulich ausgeführt. Schließlich ließ er sich von Fellner & Helmer selbst eine Villa bauen. Ihre Pracht soll schon kurz nach Fertigstellung ziemlich außergewöhnlich gewesen sein. Aber nicht legendär genug: Sonst wäre die Villa, die in der Weimarer Straße 49 stand, wohl nicht abgerissen worden.

Auch Franz Neumann war einer der großen Architekten jener Zeit, die im Cottage nicht vor Ort wirkten, aber trotzdem großen Einfluss nahmen. Aus der Ferne ließ er so manche gestalterische Idee eintröpfeln. Neumann hatte die bis dahin noch ziemlich unentschlossene Typologie „Villa“ mit einem Mal ziemlich charakteristisch ausformuliert: Mit einem Haus am Semmering, das dafür zum Modell wurde. Zu jenem Zeitpunkt war allerdings die erste Tranche an Cottage-Häusern längst gebaut. Mit der Villa, die Neumann für den Bildhauer Franz Schönthaler entworfen hatte, definierte der Architekt den „Heimatstil“, der prägend für den Semmering werden sollte. Genauso für jene Häuser im Cottage, die außer Villa auch ein wenig Bauernhaus sein wollten. 15 Jahre hatte Neumann im Atelier von Friedrich Schmidt gearbeitet, der das Wiener Rathaus und einige Häuser drumherum so konsequent in die Gotik zurückversetzt hatte. Von 1885 bis 1892 war Schmidt auch Nachfolger von Heinrich Ferstel als Obmann des Wiener Cottage Vereins.

Und nachdem Neumann die Typologie „Villa“ retro-verklärt neu erfunden hatte, distanzierte er sich später, im Jahr 1899, doch noch von der Vergangenheit. Denn er kam zum Schluss, „dass die Formen der Vergangenheit konsequent fortentwickelt und weitergebildet werden müssen, damit die Architektur zu zeitgemäßen Formulierungen kommt“. In Wien war von dieser Überzeugung damals noch nicht viel zu spüren. Auch nicht in den Entwürfen, die Neumann dort verwirklichte. Davon hatten einige, unter anderem eine private Sternwarte, eine berühmte jüdische Familie in Auftrag gegeben: die Kuffners. Sie prägten die Geschichte Wiens mit und vor allem auch jene von Ottakring. 1850 hatten sie dort eine Brauerei gekauft. Aber die weit verzweigten Biografien der Familienmitglieder streiften auch das Cottage-Viertel. Tatsächlich auch geografisch an seinem äußersten Rand, auf einem riesigen Grundstück, das die Gymnasiumstraße, die Peter-Jordan-Straße, die Vegagasse und die Lannerstraße einschloss. Dort ließ sich Wilhelm Kuffner eine Villa bauen. Von einem Architekten, zu dem die aktuelle Haltung Neumanns noch nicht recht durchgedrungen war: der jüdische Architekt Karl König. Er stellte Wilhelm und seiner Frau Camilla eher ein Schloss hin als eine Villa. Architekt wie Bauherr dürften sich stilistisch ungefähr in derselben Phase der Vergangenheit wohlgefühlt haben. Folglich war das Haus so ausgefallen, als hätte man es aus dem Frankreich des 17. Jahrhunderts herausgeschnitten. Die Geschichte der Familie Kuffner in dieser Gegend endete mit dem Nationalsozialismus. Und die Geschichte des Hauses Ende der 1950er-Jahre, als die Villa abgerissen wurde. Ein Studentenheim mit über 350 Zimmern bäumt sich nun dort auf, wo einst Schlösschen samt prachtvollem Garten lagen.

Karl König hat noch an manchen anderen Stellen Wiens der Stadt seine Vorliebe für den Späthistorismus aufgedrückt, beim berühmten Philipphof gegenüber der Albertina etwa, der im Zweiten Weltkrieg zerbombt worden war. Oder an der Börse für landwirtschaftliche Produkte, die aus der Fassadenreihe in der Taborstraße noch heute überraschend prunkvoll und monumental hervorsticht. König hatte sich als „Architekt des Wiener Neubarock“ profiliert. In dieselbe Richtung wie König, weit zurück nämlich, schaute auch Friedrich Schön, ein Jude, der im Cottage baute und selbst wohnte. Technisch war er Neuem aufgeschlossen, stilistisch aber kaum. Sein Lehrer war Theophil Hansen und die Neorenaissance der Code, den man an den Mietshäusern, die er plante, deutlich ablesen konnte. Die Villen, die er entwarf, gerieten dann schon eher neobarock. Vor allem seine eigene, die er in der Türkenschanzstraße 44 baute. Aber auch jene in der Lannerstraße 24, in der der berühmte Burgschauspieler Josef Kainz die letzten sieben Jahre seines Lebens verbringen sollte. Dieser zog dort allerdings erst ein, als das Cottage ohnehin schon längst abgedriftet war: programmatisch und stilistisch auch. Von einfachen Familienhäusern zu eben bürgerlichen Neobarock-Schlössern.

Die „Villa Gebauer", geplant vom Architekten Josef Unger, in der Hasenauerstraße 6 (früher Parkstraße). Gleich daneben befand sich das Gelände des Cottage Eislaufvereins.

Dagegen beschäftigte sich ein anderer jüdischer Architekt mit komplett anderwertigen Bedürfnissen: Josef Unger hatte auch eine Villa gebaut im Cottage, in der Hasenauerstraße 6. Ihr Bauherr kam beruflich aus der Welt der Eisenbahn, so wie Unger selbst. Als Architekt hatte er lange Wohnhäuser für Bahnangestellte entworfen. Unger war Heinrich Ferstel, wie die meisten Architekten jener Zeit, auch über den Weg gelaufen. Bei ihm hatte er, als einer der ersten Juden überhaupt, studiert. Und in der Praxis gelernt, was Wohnhäuser auch für Arbeiter leisten können. 1886 konstituierte sich der „Verein für Arbeiterhäuser" in Wien, für ihn plante Unger eine Mustersiedlung. Der Ansatz dabei ähnelte jenem des Cottage-Viertels, nur war die Zielgruppe explizit mit der Arbeiterschaft definiert. Das Ziel: Komfort bei gleichzeitiger Erschwinglichkeit. Der Boden in Wien-Favoriten schien für dieses Experiment günstig genug. Und so sieht man in der Kiesewettergasse 3–15 noch heute, wie das Projekt gestalterisch ausgegangen ist: Eine kleine Gruppe von Arbeiterwohnhäusern steht dort,

Die Villa von Ferdinand Schmutzer und seiner Familie in der Sternwartestraße 62–64, erbaut 1910 vom Architekten Robert Oerley.

einstöckige Reihenhäuser mit Sichtziegelfassaden, Vorgärten und Höfen. Als ältestes Beispiel für sozialen Wohnbau in Wien. Mit beinahe revolutionärer Ausstattung für jenes Milieu in jenen Tagen: Wasseranschluss in der Küche. Und Abort im Haus.

Was Unger in Favoriten inhaltlich abgeliefert hatte, war schon ziemlich zukunftsorientiert. Aber das Cottage-Viertel wollte sich nicht ganz der Zukunft verschließen. Zaghaft luden die Bauherren auch Vertreter der Wiener Moderne ein, ein paar Vorschläge abzuliefern, wie man zeitgemäß wohnen konnte. Da blinzelte die baukünstlerische Haltung des Architekten Robert Oerley hinein ins historistisch-verkitschte Viertel. Er war Mitglied der Wiener Secession und 1912 sogar ihr Präsident. Zuvor durfte Oerley seinen berühmtesten Entwurf im Cottage abliefern. Einer, der typisch war für seine Zeit. Aber ganz und gar untypisch für den Architekten selbst. Er durfte in der Sternwartestraße auf der Nummer 62 bis 64 die Villa Schmutzer bauen. 1908 war sie fertig. Sie steht heute unter Denkmalschutz. Und im Entwurf steckte wahrscheinlich mindestens so viel Bauherr wie Architekt. Denn der Auftraggeber war selber Künstler: Ferdinand Schmutzer. In ganz Europa hatte er Türen, Gitter, Reliefs und Teile von Einfriedungen gesammelt. Das alles sollte der Architekt auch integrieren. Genauso wie den Entwurf für die Kaminlandschaft am Dach, die Schmutzer selbst skizziert hatte. Die Villa hat noch heute zwei Gesichter. Eines, das auf die Straße zeigt und eher wie ein barockes Schlösschen anmutet. Und ein anderes auf der Gartenseite, das klassizistisch anmutet. Schnörkel und Ornamente, das hatte Oerley normalerweise nicht in seinem Stilrepertoire. Von 20 Villen, die er in ganz Österreich realisierte, war diese Villa wahrscheinlich die ungewöhnlichste. Bei Ferdinand Schmutzer gingen die Berühmtheiten jener Epoche ein und aus. Weil sie sich von ihm porträtieren ließen. Nicht minder prominent waren die Gäste seiner Frau Alice Schmutzer, die ihren Salon besuchten.

In der Lannerstraße 14 hat Robert Oerley auch der Moderne im Jahr 1904 einen architektonischen Auftritt verschafft.

Schon vier Jahre zuvor, im Jahr 1904, hatte sich Oerley in der Lannerstraße 14 selbst ein Haus gebaut. Ein Vorbote des neuen architektonischen Gestus. Die glatte Fassade, die quadratisch gegliederten großen Fenster, der erste Stock kragt über das Hochparterre hervor. Dort biegen sich die Fenster plastisch aus der Fassade heraus. Auf dem Dach lässt ein verglaster Laternenaufbau das Licht in eine zentrale zweigeschossige Halle darunter. Auch mit einem Mietshaus, das Oerley in der Weimarer Straße 98, Ecke Lannerstraße 18 errichtete, hatte sich die Wiener Moderne architektonisch ins Cottage vorgetastet. Ebenso die Villa, die sich Berta Tugendhat in der Blaasstraße 29 bauen ließ, folgt architektonisch einem Entwurf von Oerley. Die ganz großen Namen der Moderne hinterließen da eher Randnotizen im Cottage. Adolf Loos etwa baute zwar keine Villa, er baute aber eine um. Die Villa Duschnitz, die 1904 nach Plänen aus der Cottage-Baukanzlei errichtet worden war, gestaltete Loos 1915 neu. Der ehemalige Besitzer des Hauses in der Weimarer Straße 87 war mit der Fabrikation von Filzstiefeln für die k. u. k. Armee ziemlich reich geworden. Auch das Wirken von Josef

Hoffmann merkt man dem Cottage-Viertel heute nicht mehr allzu sehr an. Allein weil man ihn nicht allzu viel wirken ließ. Sein Förderer Fritz Waerndorfer holte ihn zur Gestaltung von Innenräumen in seiner Villa ins Cottage. Er war ohnehin oft bei Waerndorfer, da dieser der Finanzier der Wiener Werkstätte war. Eines der wichtigsten Häuser aus dem Portfolio Hoffmanns stand allerdings doch im Cottage. Es war die Villa Beer-Hofmann, an der Adresse Hasenauerstraße 59. In den Nachkriegsjahrzehnten verfiel die Villa, trotz einiger Rettungsinitiativen, 1970 wurde sie abgerissen. Dass Hoffmann der Urheber des Entwurfs war, sieht man trotzdem noch, wenn man an dem Grundstück vorbeigeht. Das Haus ist zwar weg, aber die Zeit streicht noch immer über ein paar Randerscheinungen des damaligen Entwurfs, wie etwa das quadratische Metallgitter des Zauns rundherum, der auch Teil des Hoffman-Designs war.

Gegenüber vom Türkenschanzpark stand von 1906 bis 1970 die eindrucksvolle Villa Beer-Hofmann. Entworfen hatte sie Josef Hoffmann.

Nobler, eleganter, unerschwinglicher

Schon in den 1890er-Jahren mehrten sich die Anzeichen: Das Cottage war nobler geraten, als es jemals angedacht war. Die deutlichsten Signale dafür: die Häuser. Das Viertel war auch hineingerutscht in diese Spirale, die in den schönsten Gegenden Wiens die Preise nach oben drehte. Auch die Bauherren waren andere geworden. Und damit auch die Wünsche, die die Architektur ihnen erfüllen sollte. Die Cottage-Villen bogen ab: von schlichteren Ausführungen zu Entwürfen, über die Architekten nicht genug zusammengeklaubtes Dekor ausschütten konnten. Ernst Keil beschrieb in der Illustrierten „Die Gartenlaube" die Veränderung der Situation so: „Die Baukünstler, die das alles so schön und dabei so praktisch hergestellt haben, tragen freilich keine Schuld daran, daß die Zeitverhältnisse den Verein verhindern, seinem ursprünglichen Zwecke voll und ganz zu entsprechen. Die ‚sogenannten kleinen Leute', für welche doch in erster Linie der Verein in's Leben gerufen wurde, können längst hier nicht mehr mitthun."

Andere Bauherren, andere Aufgaben für die Architektur. Ein trautes Heim herstellen, ja, das gehörte nach wie vor dazu. Aber dieses brauchte mehr: Die Salonièren brauchten Salons, in die sie laden konnten. Die Herren Herrenzimmer, in denen sie andere Herren treffen konnten. Die Raucher brauchten Raucherzimmer. Und fast alle, weil Musik allgegenwärtig war, ein Musikzimmer. Vor allem benötigte auch eines reichlich Platz im Konzept: die soziale Interaktion. Egal, ob bei großen Abendgesellschaften, mittleren Nachmittagsgesellschaften oder kleinen Matineen. Die Wohnräume gerieten allmählich ebenso größer, die Stiegenhäuser praktischer und aus Vorzimmern wurden Hallen. Denn wenn sich die Häuser schon zu sozialen Knotenpunkten wandelten, mussten die Vorräume natürlich ein paar Leute gleichzeitig abfertigen können. Der soziale Status, er beanspruchte ganz schön viel Platz in den Grundrissen. Und viel Oberfläche auf den Fassaden. Alles geriet größer und übertriebener. Architektur wurde zum Prestigeduell zwischen den Nachbarn. Hatte der andere vier Schornsteine, dann musste man selbst zumindest sechs haben. Und war das Dach des Nachbarn steil, dann sollte das eigene schon noch steiler sein. Und die Fassade noch französischer als jene eine Straße weiter. Gerade als der Cottage Verein die Anlage nach Döbling hin erweiterte, schlug ein neuer Gestus endgültig durch: Architektonische Extravaganzen bekamen zwischen den Baumalleen ihre Spielwiese. Aus Villen wurden Schlösschen. Aus Villen wurden Burgen. Und aus Villen wurden Burgen, die auch ein wenig Bauernhaus waren, aber Zauberschloss dann wieder auch. Villen wurden so ziemlich alles. Und manchmal sogar alles zugleich. Bettina Nezval schrieb in ihrer Untersuchung zu den Badener Villen der Kaiserzeit: „Die Villa steht wohl irgendwo zwischen Palast und Wohnhaus, ist also ein Gebäude, an das man ähnliche Funktionsansprüche stellt wie an ein Wohnhaus, das allerdings in stilistischer Hinsicht versuchen kann, Palastarchitektur im Kleinformat für private Zwecke zu adaptieren."

Villen hatten jedenfalls auch eine deklarierte Aufgabe. Sie mussten zeigen, wer die waren, die drin wohnten und sie besaßen. Dabei deutete die Architektur an, mal beiläufiger, mal expliziter, wer der exzentrischere Besitzer war und wer der etwas konservativere. Lebensstil, Vermögen, unternehmerischer Erfolg, soziale Stellung, all das wollten sich die Häuser von außen irgendwie anmerken lassen. Das Haus wurde zum Display hinaus in den Stadtraum. Allmählich gerieten Haus und sein Besitzer zum untrennbaren Ensemble, manchmal sogar zur Schicksalsgemeinschaft. Auch das hatte noch einen ziemlichen feudalen Anklang an die Rolle, die Schloss- und Burgherren früher hatten. Nur mit damals etwas größeren Immobilien. Den Bauherren wurde es allmählich auch wichtig, ihre Verbindung zum Haus explizit auszudrücken. Zusätzlich den „Stolz", dass es sich nicht um irgendein Haus handelte, sondern eben um eine Villa. Deshalb schrieb man sich genau das, gemeinsam mit dem eigenen Namen, in großen Lettern an die Fassade. Wenn man noch dazu einen Architekten hatte, von dem ohnehin schon die ganze Stadt sprach, dann war die Öffentlichkeitsarbeit perfekt. Der Cottage Verein befeuerte das noch. Schließlich veröffentlichte er Referenzlisten, wer denn nicht aller schon wohnte in dem Viertel. Mit der impliziten Einladung, selbst Teil des „Clubs" zu werden, des Clubs der Villenbesitzer an der Türkenschanze. Dort wo man sich, nicht zuletzt mit der Wahl der Immobilie, ein wenig erheben konnte über den Rest der Stadt. Allein schon topografisch.

Architektonische Ausschweifung

Im Städtebau hatte zu jener Zeit die Ausschweifung eher wenige Anhänger. Vor lauter Umbrüchen, die da gerade zur Gründerzeit in Wien anbrandeten, konnte es vielen bei der Stadterweiterung nicht geradlinig und rational genug zugehen. Da wurde gerastert und die Direttissima beschworen, als wäre jeder kleinste Umweg reinste Verschwendung von Gedanken und Ressourcen. Es schmerzte Stadtplaner wie Camillo Sitte im Herzen, wie sich der gezirkelt-kalkulierte Städtebau so in die hübsche Umgebung Wiens fraß. Sitte hätte neue Stadtviertel so unregelmäßig organisch angelegt, als hätten sie genauso von selbst wachsen können. Auch die Straßen hätten sich Krümmungen und den einen oder anderen Schlenker ruhig erlauben dürfen. Aber nein. Direttissima oder gar nichts. Diesen Ansatz exekutierte auch das Cottage-Viertel, als es sich sein Terrain erschloss. Doch bei aller Geradlinigkeit blieb dem Cottage noch eine Spielfläche für die Ausschweifung: Und zwar die Architektur. Der „Cottage-Charakter" war zunächst das, in das sich die Entwürfe fügen mussten. In ihrer Dimension, in ihrer Kubatur, im Flächenverhältnis von Haus zu Garten. Doch stilistisch hatten vor allem um die Jahrhundertwende die Villen fast freie Bahn. Und so fransten sie architektonisch großzügig in alle Richtungen aus. War anfänglich noch „englisch", wie ein Cottage eben, ein Attribut, das man gerne bemühte, konnten die Villen bis zur Jahrhundertwende bald nicht italienisch, französisch und wenn es sein sollte sogar schweizerisch genug sein. In der „Wiener Bauzeitung" zwischen 1887 und 1916 wurden mehr als 30 Villen aus dem Cottage-Viertel abgebildet. Und man sah, das Bild der „Villa" wurde zum Bild der Vielfalt. Als hätte jede Bauepoche noch geschwind vorbeischauen wollen auf der Türkenschanze, bevor ihre Zeit endgültig abgelaufen war.

Die Bauherren hatten ein Ventil für Extravaganzen gefunden. Und die Architekten eines für ihre Fantasie. Im Jahr 1890 standen im Cottage-Viertel 170 Häuser, und schon damals war das Spektrum der Ausführungen ziemlich breit. Vom einstöckigen Einfamilienhaus bis zur Prunkvilla. Die Architekten hatten im Katalog der Elemente kaum etwas ausgelassen zwischen Erker, Ziergiebel, vorgebauter Freitreppe und Sgraffitomalerei an der Fassade. Rohziegel, Stuck, Steinornamente, Fachwerkoptik, Holzschnitzwerk, vorkragende Gesimse, Erkertürme, ganze Türme. Alles, was das Architekturlexikon hergab, wurde in einen Topf gerührt und übers Cottage-Viertel geschüttet. Die Ingredienzien hatte man sich in den unterschiedlichsten Regionen zusammengeklaubt. Und dann aufgekocht zu einem „Ragout" an Stilen, wie später etwa August Lux kritisieren sollte. Viele Villen waren schon gekippt: ins Romantische. Ins Verkitschte. Aus der Realität in eine Märchenwelt. So sehr wurden sie nachgesüßt und verlieblicht zu kleinen Zauberschlösschen. Sie sollten dann neben elegant auch noch Bauernhaus sein: Das gestalterische Merkmal „Land" hatte sich am Stadtrand, der längst nicht mehr der Rand der Stadt war, festgesetzt. Viele Vorlagen dazu hatte es auch vom Semmering an die Türkenschanze geweht. Plötzlich konnte man auch die Heimat gestalterisch spüren, in Form des „Heimatstils" und manchmal war es auch die Heimat, die inmitten der Schweizer Alpen lag. Auch an dem Haus an der Ecke Gymnasiumstraße, Hasenauerstraße wurde das deutlich: Das Haus der „Cottage-Apotheke" sparte nicht mit allerlei Holzzierrat und Schnitzereien. Von Wien in die Alpen war der Weg nie kürzer. Manche Häuser hatten sich sogar die Fensterläden von bäuerlichen Landhäusern abgeschaut. Und die Dachgiebel durften ganz schön viele Extraschnörkel ziehen. Irgendwann musste selbst der Cottage Verein feststellen, dass man es übertreiben konnte. Zumindest hat das der zweite Baudirektor des Wiener Cottage Vereins 1905 in einer Rede angemerkt: „Freilich kamen auch durch die Sucht der Leute, andere nachzuahmen oder zu überbieten Dinge vor, die wir nicht aufzuhalten vermochten. So entstanden in der Colloredogasse einmal zwölf Türme, ohne dass wir dieser Epidemie einhalten tun konnten."

Ein Villenviertel als „Ragout"

Auch externen Beobachtern war aufgefallen, dass sich im Villengürtel der Stadt ein ziemlicher architektonischer Kauderwelsch zusammenbraute. Was im Cottage passierte, geschah genauso überall dort, wo man sich zuvor das Cottage zum Vorbild genommen hatte, in Hietzing, in Döbling, in Hetzendorf, in Hütteldorf. Ein Ring aus Villen legte sich um den Stadtkörper. Und dort war stilistisch so einiges los. Der deutsche Architekt Hermann Muthesius urteilte 1907 in seiner Publikation „Landhaus und Garten" scharf: „Wenn man heute unsere Vororte durchstreift, so findet man Häuser, an denen der ganze Motivschatz der Vorbildliteratur angebracht ist. Giebelchen, Erkerchen, Türmchen drängen und schieben sich förmlich. Man sieht keine Wand, die nicht durch Risalite, Vorbauten und zurückspringende Teile unterbrochen wäre, und keinen Quadratmeter Fläche, der nicht irgendein Dekorationsmotiv aufwiese. In dem Streben nach Wechsel sind am selben Bau alle Materialien herangeholt und verwendet, die der Baumarkt bietet, und im Allgemeinen hat man den Eindruck einer großen Narretei. Es herrschen die Ideale des Maskenballs. Man hängt dem Haus tausend bunte Flicken und Fetzen an und freut sich desto mehr, je burlesker die Gesamterscheinung geworden ist. Wären wir nicht alle in den Gewohnheiten unsrer Zeit befangen, so würden wir diese heutige deutsche Villa als die Ausgeburt der Lächerlichkeit empfinden." Auch der Autor und Publizist Joseph August Lux fand über die Situation in Wien sehr deutliche

Worte in seinem Buch „Das moderne Landhaus“, das 1903 erschien. Über die Villen, die in den 20 Jahren zuvor entstanden waren, schrieb er. „Sie sind durchaus trostlos und offenbaren sich als ein Allerlei von Stilformen, als ein Ragout von Erkerchen, Türmchen, Giebelchen, von denen in der Regel kein Mensch weiß, warum sie da sind.“ Bauernhäuser, vor denen die Städter, wie Lux meinte, so oft schockverliebt stehen, verfügten dagegen über eine „sprechende Physiognomie bei aller Schlichtheit“. Aber die Villen in den Städten dagegen, sie würden gar nichts rühren beim Betrachter. Er spöttelte über sie: „Ihr Bauprinzip besteht darin, nach außen zu prunken und nach innen alle Dürftigkeit, die der Charakter unserer Mietwohnungen ist, schonungslos zu entfalten. Sie sind meistens hervorgegangen aus einem falschen Begriff des Landlebens und bedeuten nichts weiter als die Übertragung der großstädtischen Bauschablone auf das Einzelwohnhaus.“

Wenn man Lux so zuhört, könnte man fast meinen, das Experiment „Cottage-Viertel“ sei gescheitert. Ist es schon und ist es nicht: Als realistischer Gegenentwurf zur Wohnungsmisere im 19. Jahrhundert hatte es trotz ambitionierter Ideen kaum eine Chance. Aber als Modell dafür, wie man Wohn- und Lebensqualität innerhalb der Stadt auch vehement steigern kann, wurde es trotzdem zukunftsweisend. Und als er seine Betrachtungen verfasste, konnte Joseph August Lux ja nicht ahnen, wie sehr die Architekturmoderne später die Häuser glatt bürsten würde. Da sind „Ragout“ und „Kauderwelsch“ entlang der Architekturgeschichte schon zu Komplimenten aufgestiegen. Denn die Dichte von Grün und kreativ-kultureller Vergangenheit ist nicht die einzig eng gewebte Textur in diesem Viertel: Es ist auch die Dichte der visuellen Stimuli. Einzigartig in Wien, vor allem auch im Vergleich zwischen so vielen Stadtgebieten, die inzwischen den ästhetischen Reizentzug kultiviert haben. So zieht die Vielfalt der Architektur im Cottage noch immer die Spaziergänger und Besucher hinaus auf die Straßen. Manche von ihnen haben die Kamera dabei. Andere Bleistift und Zeichenblock.

Exkurs 4:

Der Häuserzeichner

Dass das Cottage-Viertel voller Persönlichkeiten ist, das ist Peter Schmidt schon lange aufgefallen. Doch darunter fallen nicht nur die Menschen, die in den Häusern lebten und heute noch wohnen. Dazu gehören vor allem auch die Häuser selbst. Als Künstler hat sich Schmidt seit jeher gerne mit beidem beschäftigt, mit Menschen und mit Häusern. Mit Physiognomien

Die Villa, in der Arthur Schnitzler mit seiner Familie wohnte, in der Sternwartestraße 71.

und Silhouetten. Immer dort, wo er wohnte, hat er sie aufgeklaubt. Und das waren ganz unterschiedliche Umgebungen und kulturelle Kontexte. In Singapur etwa. Oder Hongkong. Auch Kärnten war eine Station seines Lebens. Heute wohnt er im Cottage-Viertel. Als er hierherzog, hat er schnell gemerkt, welch interessante Charaktere hier hinter den teils ebenso imposanten Gartenzäunen stehen. Manche verstecken sich hinter einem grünen Mantel, den sie im Winter zwangsläufig fallen lassen. Wenn das Laub an den Bäumen Pause macht, spitzt Peter Schmidt die Bleistifte. Dann beginnt seine Hauptsaison als Zeichner. Denn im Winter zeigen die Häuser ihre Fassaden, ihre Details, ihre Besonderheiten, ihre Gesichtszüge und ihre Patina am deutlichsten. Schmidt stellt sich an eine Straßenecke, sucht sich eine Blickrichtung, die ihm besonders viel erzählt und zieht seine Striche mit dem Bleistift auf dem Zeichenblock. Zu Hause aquarelliert er viele seiner Skizzen.

Den Pinsel nutzt er zum Übertünchen. Aber auch zum Freilegen. Denn selbst wenn die Bäume sich entblättert haben, stellte sich den Augen des Künstlers noch immer so einiges in den Weg. Mit Stift und Pinsel kann er Verkehrszeichen versetzten, geparkte Autos verschieben, Mülltonnen ignorieren. Aber auch Risse kitten, Farben nachsättigen und Schönheitsfehler korrigieren. Pinsel und Stift, Wunderwerkzeuge, mit denen Schmidt viel mehr herauskitzelt als nur den ersten visuellen Eindruck, den die Häuser eigentlich vermitteln. Als wäre es ein Mensch, der ihm da an der Straßenecke gegenübersteht, bildet sich plötzlich das Wesen des Gebäudes ab auf dem Papier. Schmidt nimmt die Häuser aus dem Stadtraum und setzt sie in den Weißraum seines Zeichenpapiers. „Architektur hat mich schon immer fasziniert, wenn ich auf Reisen bin und durch Städte gehe, habe ich immer den Block dabei", erzählt Peter Schmidt. In Wien gehört er auch zum Kreis der „Urban Sketchers", eine Runde begabter Zeichner und Illustratorinnen, die Zeichenwerkzeuge genauso lieben wie die Silhouette und Atmosphäre der Stadt.

Durch so einige urbane Landschaften ist er schon gegangen, allein in Singapur und Hongkong hat er aus beruflichen Gründen mit seiner Familie länger gelebt. Wenn er sich dort hinsetzte, um einen Tempel zu malen, verdeckte weniger das Grün die Sicht auf die Dinge als die Menschen, die ihm zuschauten beim Zeichnen. Peter Schmidt nimmt über mehrere Zugänge Kontakt mit der Welt auf: Die Augen sind die einen, seine Hände, die zeichnen, die anderen. Seine Feinmotorik hatte ihm schon damals in der Lehrwerkstatt der Wiener Radio Werke geholfen. In der Volksschule, erzählt Schmidt, sei die Lehrerin einmal aufgeregt mit einer seiner Zeichnungen zur Direktorin gerannt. Sie hatte es nicht glauben können, dass der kleine Peter so jung schon perspektivisch zeichnen könne. Mit seinem Großvater war er auch oft im Museum und ist dann mit einer Bruegel-Kopie auf seinem Zeichenblock nach Hause gekommen. Als Techniker später hat er auch genau auf die Details geschaut, und als Leiter der Entwicklungsabteilung bei Philips dagegen aufs große Ganze.

Das Cottage hat Schmidt auch schon früher gestreift, als er in Währing wohnte und mit den Kindern regelmäßig in den Türkenschanzpark ging. Jetzt zieht Schmidt durch das Cottage und hat andere Begleiter: Bleistift, Zeichenblock und manchmal auch die Bücher von Heidi Brunnbauer, die in drei Bänden die Geschichte der Häuser und ihrer Bewohner aufblättern: „Im Cottage von Währing/Döbling. Interessante Häuser – interessante Menschen". Eine Lektüre wie gemacht für jemanden, der gerne beides porträtiert. „Ich habe sie gelesen und dabei hat mich so die Vorstellung fasziniert, wie Johannes Brahms regelmäßig in die Villa Gutmann in der Cottagegasse 50 gekommen ist", erzählt Schmidt. Er selbst spielt nämlich auch Geige, fast so lange, wie er den Zeichenstift in der Hand hält. Heute kann man ihm auch als Mitglied der „Wiener Tonkunstvereinigung" dabei zuhören, wie er seine Feinmotorik in Töne umsetzt statt in Bilder. An seinen Spaziergängen durch das Cottage und den visuellen Eindrücken davon ließ Schmidt auch andere teilhaben, als er gemeinsam mit Heidi

Brunnbauer und Erich Stöger im Jahr 2021 eine Ausgabe von „Unser Währing“, der Vierteljahresschrift des Museumsvereins Währing, mit Inhalt und Zeichnungen füllte. Dies war auch als Ausstellung im Bezirksmuseum Währing danach zu sehen. Dabei wurden auch Zeichnungen jenes Hauses gezeigt, in dem Peter Alexander gewohnt hatte, in der Gustav-Tschermak-Gasse 5–7. Sowie jenes, das in der Haizingergasse 26 steht und als Villa Boltzmann in die Geschichte des Grätzels eingegangen ist. Oder auch die Villa in der Sternwartestraße 35: Der Komponist Erich Wolfgang Korngold wohnte hier. Und eine weitere Persönlichkeit der Musikgeschichte in der Hasenauerstraße 29, dort war Emmerich Kálmán zu Hause.

Die Villa von Bertha Tugendhat, gebaut vom Architekten Robert Oerley, steht dem Haus gegenüber, in dem Peter Schmidt wohnt.

Seit 18 Jahren wohnt Schmidt nun selbst im Cottage in einer Wohnung in der Blaasstraße. Von einem seiner Balkone schaut er gleich auf eine Hauspersönlichkeit hinüber, die sich saisonbedingt im Grün der Bäume der Aufmerksamkeit entzieht: die Villa Tugendhat, in der Bertha Tugendhat wohnte. Gebaut hat sie einer, der manch innovativen architektonischen Zugang ins Bild des Cottage-Viertels eingezeichnet hat: Robert Oerley. Davor verstanden sich die allermeisten Architekten irgendwie selbst noch als „Maler". Das sieht man den skulpturalen Schornsteinen, den spitz zusammenlaufenden Dachlandschaften, den Erkern, die sich nach außen biegen, noch deutlich an. Peter Schmidt nimmt diese Vorlage dankbar an und überträgt sie, wenn er den Häusern gegenübersteht, auf Papier. Doch spätestens auf diesem Medium macht Schmidt sich sein ganz eigenes Bild. Da rückt er zurecht, was ästhetisch aus der Balance geraten ist. Da rückt er aber auch ins Bild, was man sonst nicht im Blickfeld hätte, von genau dieser Position auf der Straße. Manchmal muss dafür ein Baum weichen. Oder ein paar Masten. Auf dem Bild etwa, das er vom Haus gemalt hat, in dem der ehemalige Außenminister und Obmann der ÖVP, Alois Mock, gewohnt hatte, zeichnet sich im Hintergrund das Gregor-Mendel-Haus der BOKU ab. In Wirklichkeit müsste man aber ein paar Schritte gehen, damit es tatsächlich ins Gesichtsfeld gerät. „Manche haben mir schon gesagt, die gezeichneten Häuser sind schöner als in Wirklichkeit", erzählt Schmidt. Das mag sein, denn Schmidt sucht sich den Ausschnitt, der ihn anspricht. „Das kann ein Giebel sein, ein Fenster." Er hebt hervor, was ihm wichtig scheint, und lässt das andere sanft in der Wahrnehmung zurücktreten. Es können auch die Fenster sein, die ihm plötzlich am meisten „erzählen". Wie etwa bei der Villa, die der Architekt Hubert Gessner, ein Schüler Otto Wagners, 1907 für sich selbst gebaut hatte. In der Sternwartestraße 70 blinzeln die vorspringenden Augen des Hauses besonders markant aus dem kubischen Körper auf die Straße. „Besonders gern habe ich aber auch Dachgiebel, Dachformationen, bei denen die Dächer in verschiedenen Winkeln aufeinander zulaufen", erzählt Schmidt. „Und natürlich: schmiedeeiserne Gitter und Zäune." Allein davon ziehen sich so einige attraktive Laufmeter durch das Cottage. Mit den Strichen und Linien, die Peter Schmidt selber zieht hingegen, mit den Spaziergängen, die ihn von einer Hauspersönlichkeit zur nächsten führen, bekommt Architektur eine Lebendigkeit, die sich durch Fotografie oft gar nicht herstellen ließe. Und mit den eigenen Augen manchmal auch nicht.

Das Haus in der Sternwartestraße 70. Gebaut von Hubert Gessner, einem Schüler von Otto Wagner, im Jahr 1907.

7

Lebenslinien und andere Wege

Wo sie gehen, ziehen Menschen Spuren. Dazu muss kein frischer Schnee gefallen sein und kein Grashalm geknickt werden. Viele der Spuren sind eher spürbar als sichtbar. Und dafür braucht man keine esoterischen Antennen. Man muss nur gehen, wo andere gegangen sind. Und sich dort aufhalten, wo andere sich aufgehalten haben, gewohnt, gelebt, gewirkt. Man muss jedoch wissen, wer überhaupt da war. Im Cottage waren so einige. Peter Alexander hat hier gewohnt, in der Gustav-Tschermak-Gasse 5–7. Oder auch Johannes Heesters bis in die 1970er-Jahre, in der Cottagegasse 72. Theodor Herzl ebenso. Wolfgang Pauli, der Nobelpreisträger für Physik, ist hier aufgewachsen und ins Döblinger Gymnasium in die Schule gegangen. Auch Ludwig Boltzmann hatte im Cottage in einer Villa gewohnt. Komponisten sind hier stundenlang am Klavier gesessen. Emmerich Kálmán beispielsweise. Oder Erich Wolfgang Korngold, bevor es ihn nach Hollywood verschlug. Maler haben ihre Skizzenbücher gefüllt. Literaten ihre Tagebücher. Schauspieler wie Hugo Thimig und Josef Kainz hatten hier in Cottage-Villen ihre ganz private Hinterbühne.

Hedy Lamarr wohnte hier, in einer Wohnung in der Peter-Jordan-Straße. Unternehmer ließen sich von hier mit dem Fiaker in ihre Firmen fahren, die sie zu Weltkonzernen gemacht haben. Die Leben vieler Berühmtheiten und viele Leben weniger berühmter Menschen – sie haben das Cottage genauso dicht atmosphärisch aufgeladen wie die Linien der Architektur und das Grün der Gärten und Alleen.

Die Spuren aus Stein, Ziegel, Holz und Metall, sie erinnern direkt an die Autoren der Entwürfe, die Designer und Architekten, die das Viertel baulich ausgestaltet haben. Wie das Zaundesign der Metallquadrate etwa, das noch immer das Grundstück der Hasenauerstraße 59 begrenzt, obwohl das Haus vom gleichen Urheber längst verschwunden ist: Hier wirkte Josef Hoffmann.

Wenn auch viele Persönlichkeiten längst gestorben sind, viele vertrieben oder ins Exil gezwungen worden waren, spurlos verschwunden

Die Villa Schmutzer, frisch renoviert in enger Abstimmung mit dem Bundesdenkmalamt. Die Originalfassadenfarbe, das Weiß, wurde wieder hergestellt.

sind die wenigsten. So oft sind ihre Füße die Wege gegangen, denen man noch heute folgen kann. Auch wenn die Schuhsohlen heute ganz andere Untergründe spüren. Nicht mehr Schotter oder gar Erde, wie in den Anfangstagen, als viele Cottages schon gebaut, aber vieles sonst noch gar nicht befestigt war. Vor allem nicht die Straßen. Heute haben die Beine der Bewohner im Türkenschanzpark noch extra viel Auslauf dazu bekommen. Dort legen die Jogger ihre ganz eigenen Spuren in die Landschaft. Lieber auf weichem Untergrund, neben den asphaltierten Wegen, ziehen sie sie. Zwischen den Bäumen, den Bänken, den Teichen. Vorbei an den Punkten, die an jene erinnern, die vor Jahrzehnten ebenso hier ihre Kreise gezogen haben. Die von hier aus, von der Türkenschanze, mit ihren Ideen Wellen geschlagen haben. In ganz Wien und im ganzen Kaiserreich manchmal. Wie die Pionierin der österreichischen Frauenbewegung etwa, Auguste Fickert. Sie hatte in der Peter-Jordan-Straße 32 den „Heimhof“ gegründet, das erste Wohnprojekt für alleinstehende Frauen. Der Frauenrechtlerin Fickert begegnet man noch heute, wenn man den Eingang zum Park beim Joseph-Kainz-Platz nimmt. Dort hat ihr der Bildhauer Franz Seifert schon 1929 ein Denkmal hingestellt. Genauso dass eine andere Persönlichkeit hier im Türkenschanzpark ein Denkmal bekam, ist nur konsequent: Arthur Schnitzler ist viel gewandelt im „Wandelpark“. Heute blickt er in Bronze auf Marmor im Park auf alle, die dort heute ihre Runden drehen wie er selbst früher. Gestaltet hat die Büste der Bildhauer Paul Peschke. Er hatte die Tochter von Ferdinand Schmutzer geheiratet, der selbst Künstler war. Außerdem war er ein Nachbar von Arthur Schnitzler. Er wohnte an der Adresse Sternwartestraße 62–64. Auch die nächsten Schmutzer-Peschke-Generationen wohnten und wohnen im selben Haus, das sich der Künstler 1908 von Robert Oerley bauen ließ, die Villa Schmutzer. „Dieses Haus war schon immer ein Mehrgenerationenhaus“, sagt der Enkel von Ferdinand

Schmutzer, Matthias Peschke. Sein Sohn Alexander wohnt auch in der Villa. Außer gleiches Heim und direkte Verwandtschaft verbindet diese beiden im Souterrain des Hauses noch mehr: ein Designbüro, das sie gemeinsam führen. Die Vater-Sohn-Beziehung ist dabei nur eines der vielen relevanten Verhältnisse: Denn das Studio Peschke gestaltet nicht nur Produkte und Industriegüter. Hier werden auch Beziehungen und Interaktionen mitgestaltet, jene von Menschen und Maschinen. In einem Haus und einer Straße, die selbst stets reich waren an Interaktionen. Gestaltung jedenfalls, in welcher Form auch immer, sie dürfte zum Fixstern geraten sein, um den die Biografie der Schmutzer-Peschke-Linie kreist. Eben wie das Haus das Gravitationsfeld der Familie ist. Und zwischen all den Designagenden, mit denen sich die Peschkes in ihrem Studio beschäftigen, ist das Gebäude selbst vielleicht die größte Aufgabe von allen.

Gerade kurz bevor der Cottage Verein 2022 sein 150-Jahre-Jubiläum feierte, war wieder besonders viel zu tun. Matthias Peschke managte sein Büro unten und managte die Restauratoren, die sich oben über die Metallbrüstungen mit dem Lackpinsel beugten. Um das Gitter wieder in der Originalfarbe anzumalen. Auch die Fassade kleidete sich, in enger Abstimmung mit dem Bundesdenkmalamt, in eine neue Farbe, gleichsam die alte und ursprüngliche. Die Villa Schmutzer ist wieder weiß. So wie sie es war, als auch Arthur Schnitzler wahrscheinlich fast täglich an der Villa vorbeiging. Und wie er auch einmal in seinem Tagebuch notiert hatte, als er nicht schlafen konnte: „Vor meinem Fenster, im Dämmer (4 Uhr früh), das weiße noch nicht bewohnte Haus Schmutzers, ferner der Kahlenberg."

Mit den Schmutzers verband Arthur Schnitzler mehr als eine Blickbeziehung. Allein durch die nachbarschaftliche Nähe. Ihre Häuser waren eng verflochten. Man rief sich zu, man winkte und traf sich, geplant und ungeplant, man besuchte sich gegenseitig. Viele Jahre an sozialer Interaktion haben sich da quer über die Straße gespannt. Und ebenso entlang der Wege, die durch den nahen Park führten. Gerade auch die Frau von Ferdinand Schmutzer, Alice, war viel unterwegs mit Schnitzler und seiner Frau Olga. In jener Parklandschaft, in der Paul Peschke wiederum in Interaktion mit Schnitzler trat, indem er seine Büste anfertigte.

Die Gartenansicht der Villa Schmutzer zeichnet architektonisch gleich ein ganz anderes Bild des Hauses.

Sein Sohn Matthias reihte sich auch in einige Traditionen ein. In manche ganz automatisch, wie man eben so hineinrutscht, wenn man in ein Haus und eine Familie hineingeboren wird. Bei anderen entscheidet man sich bewusst dafür, diese auch zu pflegen. Gestalterische Aufträge anzunehmen betraf also nicht nur das Designstudio Peschke. Allein so lange mit seiner Familie in einem so außergewöhnlichen Haus zu wohnen, ist auch ein Auftrag. Auf diese Weise trägt seine Familie auch

das verantwortungsvoll weiter, was ihr einfach in die Hände gefallen ist, eine denkmalgeschützte Villa samt riesigem Garten. „Mir ist jeden Tag bewusst, wie privilegiert wir mit diesem Haus sind", sagt Peschke. Doch wenn man dutzende Details mit dem Bundesdenkmalamt abklärt, dutzende Hände von Handwerkern an unterschiedlichsten Stellen gleichzeitig hantieren und danach noch die Rechnungen eintrudeln, dann weiß Peschke auch: Es ist nicht immer das allereinfachste Erbe. Aber der Lebensmittelpunkt war die Villa trotzdem stets für Peschke. Und er weiß: Wer seine eigene Lebenswelt bewusst gestaltet, gestaltet auch jene des ganzen Viertels mit. Schaut jeder auf sein Haus, dann wird auch das Viertel schön. Dieser Gedanke steckt auch schon in den Cottage-Servituten drin. Und gerade mit diesen hatte Peschke einst auch einiges zu tun: Als er Obmann des Wiener Cottage Vereins war.
Zu einer Zeit, als einige Immobilienentwickler das Cottage-Prinzip der „Rücksichtnahme" ziemlich dreist konterkarierten mit ihren Projekten. In seinem Engagement für das „Schöne" fühlte sich Peschke damals ziemlich im Stich gelassen. Von der Justiz, von der Stadt Wien und der Öffentlichkeit, als der Cottage Verein gegen einen Immobilienentwickler prozessierte. Erfolglos. Ein dichtes Netzwerk quer über die Straßen, Villen und Gärten hat Peschke, fast wie Schmutzer und Schnitzler damals, trotzdem geknüpft. Denn er wusste: Gemeinsam schützt man besser, was auch gemeinsam, etwa durch die gegenseitige, nachbarschaftliche Rücksichtnahme, entstanden ist. In seiner Zeit als Vereinsobmann wollte Peschke auch das Image des Vereins ein wenig nachpolieren: Wer versucht Zustände, bauliche vor allem, zu bewahren und zu schützen, gerät schließlich auch gerne unter Generalverdacht: Dass man sich als privilegierter Villenbesitzer nicht dem Wandel stellen wolle. Deshalb hat Peschke damals auch angeregt, dass sich doch Studierende und Architekten ausprobieren sollten an der Typologie einer zeitgenössischen Cottage-Villa. Um mit der privilegierten Lage auch

anders umzugehen, als nur die letzten verwertbaren Quadratmeter unter den steilen Dächern der Villen herauszuquetschen. Denn das, was zurzeit neu entsteht rund um die Villa Schmutzer orientiert sich an anderen Zielen als Ästhetik: Es ist die Rendite. Wie schon zu Heinrich Ferstels Zeiten. Der Unterschied: Den Käufern und Mietern war es noch wichtig, in schönen Häusern zu wohnen.

Die Villa, in der Arthur Schnitzler wohnte, steht schräg gegenüber von der Villa Schmutzer. Auf der Nummer 71 der Sternwartestraße. Die sozialen Beziehungen spannten sich quer über die Straße. So viele Autos waren Anfang des 20. Jahrhunderts dort gar nicht unterwegs, dass sie – wie heute – die Nachbarschaften hätten zerreißen können. Drüben stand das Haus des Künstlers Ferdinand Schmutzer und seiner Frau Alice Schmutzer, Schnitzler nannte sie in seinen Tagebüchern „Liesl". Er selbst war auf der anderen Straßenseite oft zu Gast. Und viele andere Persönlichkeiten auch. Sie kamen zu Besuch, sie folgten Einladungen, sie waren Gäste beim Salon, den Alice Schmutzer führte. Oder sie stiegen die Treppen hinauf, wo das Atelier des Künstlers war. Dort hat er gezeichnet und seine Radierungen gedruckt. In der Beletage darunter wohnte die Familie. Und noch eine Etage darunter, wo Matthias und Alexander Peschke heute die Welt der Dinge, Objekte, Güter und Produkte mitgestalten, dort waren – wie damals üblich – die Küche und die Wirtschaftsräume.

Peschkes Großvater, Ferdinand Schmutzer, war auch Präsident der Secession. Er war Künstler. Und benutzte für sein Schaffen zwei unterschiedliche Techniken: eine ziemlich neue und eine schon etwas ältere. Die Fotografie, die man erst spät in seinem Oeuvre entdeckte. Und die Radierung, für die er bekannt war. Mit ihr führte Schmutzer auch eine gestalterische Tradition in der Familie weiter: Der Urgroßvater hatte 1766 im Auftrag Maria Theresias die k. u. k. Kupferstecherakademie in Wien gegründet. Ein Freund aus dem Cottage-Viertel, Felix

Salten, schrieb in einem Feuilleton zu Schmutzers 50. Geburtstag in der „Neuen Freien Presse“: „Seit mehr als zweihundert Jahren sind seine Väter und Vorväter in Wien Kupferstecher, Maler, Radierer oder Bildhauer gewesen.“

Es klingelte jedenfalls oft an seiner Tür. Dann stand dort jemand, der sich porträtieren lassen wollte. Albert Einstein etwa. Oder Sigmund Freud. Es waren die Stars und Celebrities aus Kultur, Kunst, Politik

Ferdinand Schmutzer, der Künstler und Fotograf, hatte ein Faible für schmiedeeiserne Gitter, die er auf seinen Reisen sammelte.

und Wissenschaft ihrer Zeit. Freud zeigte sich hoch angetan von dem Porträt, das Schmutzer von ihm angefertigt hatte. Im Atelier des Künstlers begannen auch so manche Freundschaften. Beispielsweise mit der Familie Korngold. Julius Korngold, der Musikkritiker der „Neuen Freien Presse“, ließ sich von Schmutzer porträtieren. Sein Sohn, der schon mit sechs Jahren als Wunderkind galt, war Erich Wolfgang Korngold, der Komponist, den später Max Reinhardt nach Hollywood holte. Mit seiner Familie war er 1928 in die Sternwartestraße 35 gezogen. Zuvor waren die Schmutzers und die Korngolds des Öfteren gemeinsam auf Urlaub gefahren.

Hier sind einige Prominente über das Trottoir spaziert. Die klingendsten Namen aus der Künstlerszene. Arthur Schnitzler sowieso. Auch Richard Strauss war hier. Karl Lueger, Josef Kainz. Auch Kaiser Wilhelm II. ließ sich porträtieren, oder der Cellist Pablo Casal. Manche sollen eher schwierige Kunden gewesen sein. Der kaiserliche Thronfolger Franz Ferdinand könnte so einer gewesen sein. Mehrmals musste Schmutzer das Porträt auf der Druckerplatte korrigieren. Aber der Großteil verließ das Cottage und das Haus Schmutzer hochzufrieden: Wie etwa auch Sigmund Freud, der sich in einem Brief für die Radierung bedankte: „Mir macht sie eine ungemeine Freude und es ist mir ein Bedürfnis, Ihnen für die Mühe zu danken, die Sie sich mit der Wiedergabe meines garstigen Gesichts gegeben haben und die Versicherung zu wiederholen, dass ich mich erst jetzt aufgehoben für die Nachwelt fühle.“ Auch diverse Bürgermeister putzten sich ihre Stiefel am Gitter vor der Tür ab, bevor sie die Stiegen hinauf ins Atelier nahmen. Das Gästebuch war voll mit illustren Namen.

Auch in Alice Schmutzers Salon trafen sich die Menschen. Die Künstler, Kreativen, Schauspieler. Zum Diskurs, zum Austausch, zum Vergnügen. Man hörte Musik, man spielte sich vor. Man las sich vor. Alice Schmutzer dichtete selbst. Oft bat sie Schnitzler um Kommentare zu ihren Zeilen. Und auch in der „Neuen Freien Presse" füllte sie Zeile um Zeile. Für die Zeitung schrieb sie Feuilletons. Nachdem Ferdinand Schmutzer 1928 verstarb, lebte Alice mit ihren Kindern Maria, Susanne und Johannes im Haus weiter. Maria heiratete den Neffen von Gustav

Er porträtierte Künstler, Politiker, Schauspieler, die Stars der Wiener Gesellschaft: Ferdinand Schmutzer.

Mahler, emigrierte schließlich nach Kanada. Johannes emigrierte nach England. Geblieben sind die Mutter von Matthias Peschke, Susanne Schmutzer, und seine Großmutter Alice. Durch eigenartige Zufälle und Fügungen, wie Peschke heute erzählt, überlebten beide den Nationalsozialismus. Alice Schmutzer war Jüdin. Nach dem Krieg heiratete Susanne Schmutzer den Bildhauer Paul Peschke und kümmerte sich weiter um das Haus. Matthias Peschke ist hier aufgewachsen und geblieben, sein Bruder ging nach Italien. Er erinnert sich an eine tolle Jugend in der Sternwartestraße, in einem Haus mit Garten; ein Abenteuerland, nicht nur weil es so riesig ist, sondern auch so voller Geschichten und Spuren von Menschen. Aber der Krieg hatte Spuren hinterlassen. Einquartierungen wie in so vielen Häusern des Viertels. Daneben war eine Bombe eingeschlagen und hatte das Haus an der Nordseite beschädigt. „Das Haus war für mich immer so wie eine Trutzburg. Als hätten ihm die Zeit und die Katastrophen nichts anhaben können."

Ein dicht gewebtes kulturelles Netzwerk

Im Türkenschanzpark führen die meisten Wege im Kreis. Und das ist Absicht. In „Brezeln" sollen Menschen spazieren und dabei das Gefühl haben, fast endlos zu gehen. Im Cottage-Viertel dagegen schien es in manchen Epochen, die Wege der Menschen könnten überall hinführen. Die einen verschlug es nach Hollywood. Viele andere in die Hölle. Irgendwann ließen sich auch die düstersten Zeiten nicht mehr von den Trutzburgen im Cottage aufhalten. Dabei hatte man sich beiläufig und doch konsequent entrückt von der restlichen

Welt. Zum einen architektonisch. Zumindest machte so manches Zauberschlösschen und manche Märchenlandschaft im Villengarten den Anschein. Noch dazu waren „anheimelnd“ und „verzaubert“ zwei von den gängigsten Attributen, die man bevorzugt an das Cottage verteilte. Weil es von Anfang an so anheimelnd und verzaubert anmutete. Doch alles, was die Welt in Katastrophen stürzte, riss auch das Cottage mit. Und spätestens nach dem Anschluss Österreichs 1938 zerriss das brachial, was sich so fein über Jahrzehnte im Cottage verwebt hatte: das soziale Geflecht. Plötzlich nahmen auch die Lebenswege von so vielen ganz abrupte Abzweigungen. Für manche führten diese ins Exil. Oder gar in den Tod.

Die Sternwartestraße in frühen Tagen des Cottage-Viertels.

Doch bereits die große Katastrophe zuvor, der Erste Weltkrieg, hatte schon einiges zerfetzt, was sich so dicht verknüpft hatte im Viertel. Denn das Cottage war stets nicht nur Wohngegend. Es war auch ein sozialer Teppich. An manchen Stellen dichter geknüpft, an anderen ein wenig loser. Doch ein Netzwerk an sozialen Beziehungen spannte sich von einer Veranda zur anderen, von einem Garten ins Salettl hinter dem nächsten Zaun. Von einem Wohnzimmer hinüber auf die andere Straßenseite. Es spannte sich zwischen den Häusern, über die Straße und hinein in die Stadt, wo die Fäden wieder an anderen sozialen Knotenpunkten hingen. Etwa auch in Kaffeehäusern. Die Verbindungen legten sich quer durch Wien, von den Salons des Cottage hinein in die Salons der Stadt. Und manchmal von dort noch weiter in die ganze Welt. Menschen, die auf der ganzen Welt bekannt und berühmt wurden, wurden im Cottage geboren, wurden hier groß, gründeten hier Familien. Und auch wenn manche im Viertel Salons pflegten, das Viertel selbst war der größte Salon von allen. Einer, der immer offen und einer, in dem man immer geladen war, sobald man über seine Straßen spazierte. Auch wenn man danach noch in den Türkenschanzpark abbog. Hier zwischen den Vorgärten, Salons, Gesellschaftszimmern, Gartensalettln webten die Menschen mit ihren Lebensgeschichten, ihren Ideen, die sie mit sich trugen, ihren Haltungen eine dichte Textur an Zusammenhängen und Querverbindungen über ein Stadtviertel. Dabei entstanden Kreise, die sich an unerwarteten Stellen immer wieder schlossen. Natürlich wohnten hier auch viele Menschen, von denen später auch nie jemand gehört hatte. Aber doch so viele, deren Namen heute noch klingen, weil sie in ihrer Zeit, in ihrem Umfeld und in ihrem Schaffen so bedeutend waren: Hier wohnten Künstler, Kreative, Wissenschaftler, Komponisten, Musiker, Bankiers, Eisenbahningenieure, Schauspiellegenden, Opernsängerinnen und Menschen, die auf den Referenzlisten des Cottage Vereins auch einfach nur als „Hausbesitzer“ geführt wurden.

Das Viertel selbst war der Salon

Bekanntschaft, Freundschaft, Sympathie, Liebe, Schwärmerei, höfliche Distanz, intellektueller Austausch – die sozialen Beziehungen hatten unterschiedlichste Formen. Die soziale Textur war unsichtbar. Doch Tagebücher, Biografien, Briefe der Bewohner, Aufzeichnungen und Notizen legen sie offen. Hier im Cottage waren unterschiedliche Bewegungsformen beheimatet: das Spazieren in den Gärten, in den Parks und zwischen den Häusern jedenfalls. Aber auch das Ein- und Ausgehen bei den Häusern. Das mussten gar nicht zwangsläufig jene sein, in denen man selber wohnte. Denn die offenen Häuser luden auch explizit dazu ein, zu kommen und zu gehen. Zum Alltag gehörte es einfach auch: nicht im eigenen Haus zu sein. Sondern eben in den Häusern anderer. Oder man verbrachte die Zeit zwischen ihnen. Beim Spazierengehen. So wie es Arthur Schnitzler konsequent pflegte. Und jede Runde, die er nicht gerade allein drehte, war eine Schlaufe mehr im dichten sozialen Teppich. Geknüpft am Netzwerk wurde in den Häusern. Sogar Musik webte mit. In den Musikzimmern, die bald selbstverständlich zum Grundriss der größeren Villen gehörten. Die Liebe zur Musik flocht mit. Oder das Faible und die Begeisterung für die Kunst. Im Garten des Industriellen Fritz Waerndorfer saßen die Künstler der Secession, die er finanziell förderte. Im Haus von Carl Angerer in der Colloredogasse 30, der ein revolutionäres Kunstdruckverfahren entwickelt hatte, waren viele Künstler zu Gast. Auch Egon Schiele des Öfteren, schließlich war Angerers Frau Olga die Schwester von Schieles Mutter. Später in den 1970er-Jahren hatte der Maler Arik Brauer die Villa gekauft und im Keller sein Privatmuseum eingerichtet. Die Anzahl der Gäste dort dürfte nicht viel geringer gewesen sein.

Die Häuser selbst waren soziale Orte. Und die Straße manchmal sogar der erste Kommunikationskanal zwischen ihnen. Arthur Schnitzler und die Schmutzers, per Zuruf verabredete man sich zum Abendessen, wie Schnitzler einmal in seinem Tagebuch notiert hatte. Wenn man am nächsten Tag noch nichts vorhatte und die Fenster geschlossen waren: Dann überbrachten eben Brief und Postkarte die Einladung. Zum Spazierengehen, zum gemeinsamen Essen. Oder vielleicht auch einmal zum Eislaufen. Um einige Cottage-Häuser schlängelten sich die Biografien der Bewohner dichter als um andere. Zu ihnen gehörte mit Sicherheit auch die Villa Schmutzer. Genauso das Haus, in dem Felix Salten wohnte, in der Cottagegasse 37. Die Villa von Richard Beer-Hofmann, einem engen Freund Schnitzlers, ebenso. Neben diesen öffneten noch ziemlich viele andere ihre Salons zum Jour fixe am Sonntag oder auch zur regelmäßigen Soirée am Freitagabend. Vor allem in jenen Zeiten, die auch im Cottage ziemlich „golden" anmuteten, weil sie kulturell und künstlerisch so glänzten, standen die Türen weit offen, so wuchs das Viertel sozial eng zusammen. Das war jene Ära, die es unter „Fin de Siècle" oder „Belle Époque" auch auf Wikipedia geschafft hat. Die mit ihrem kulturell-künstlerischen Output noch immer so hell bis in die Gegenwart strahlt. Damals war Wien von einem besonders dichten kreativen Netzwerk durchzogen. Hier im Cottage schien dieses sogar noch ein wenig enger gewebt.

Schließlich war auch geballte Brainpower nach Wien migriert, aus allen Teilen des Kaiserreichs. Und jene, die aus ihren Lebens- schnell Erfolgsgeschichten machten, führte der Weg auch gerne irgendwann ins Cottage. Denn längst hatte das Viertel seine eigene Gravitation entwickelt. Das Cottage wirkte. Auf die Erfolgreichen und Reichen durch sein Prestige. Auf die Kreativen und Künstler durch seine Atmosphäre, für die sie sensibel waren. Und umso mehr Persönlichkeiten hier kreisten, desto weiter wirkte die Gravitation. Kein Wunder, dass sich hier entlang der Alleen und in den Häusern allerlei begegnete: verschiedene Haltungen, Ideologien und Überzeugungen natürlich. Aber auch Talent, Kreativität und revolutionäre Ideen. Im Cottage wohnten Juden, Salonièren, Netzwerker, Künstlerkreise und Dichterfreunde. Und: die neuen Fürsten, Könige und Barone des Kapitalismus, der Warenwelt. Von Kohle über Zucker bis zu Textilien. Hauptsache sie konnten den Hunger nach Fortschritt mit ihren Gütern stillen. So spazierten irgendwann Kunstsammler neben Künstler. Zionist neben Komponisten. Musiker neben Schriftsteller. An den prächtigen gusseisernen Zäunen vorbei. Auf dem Weg zur nächsten Einladung oder zur nächsten Abendgesellschaft. Hier im Viertel waren nicht nur die Beine berühmter Menschen in Bewegung. Hier ging auch oft die eine Idee vom Mund des einen ins Ohr des anderen. Oder die neuesten Erkenntnisse zur Weltökonomie oder auch nur zur Theaterpremiere von gestern Abend. Genauso machte all das die Runde durch die Straßen, von Vorgarten zu Vorgarten. Überhaupt alles, was sonst noch so ausgetauscht wird überall, wo Menschen sind: Tratsch, Klatsch, die neuesten Gerüchte. Oder die traurigen Neuigkeiten, etwa als sich die junge Krankenschwester und Freundin von Arthur Schnitzler, Stephanie Bachrach, das Leben nahm nach einer unglücklichen Beziehung mit dem Leiter des Cottage-Sanatoriums Rudolf Urbantschitsch.

Exkurs 5:

Stephi B. und das Cottage-Sanatorium

Nicht alle Menschen, die auf den Straßen des Cottage in den ersten Jahrzehnten des 20. Jahrhunderts unterwegs waren, haben am Vortag auf der Bühne des Burgtheaters gespielt, haben gerade einen utopischen zionistischen Roman oder Post von Thomas Mann im Briefkasten gehabt. Auch Menschen mit ganz alltäglichen Berufen und ganz alltäglichen Befindlichkeiten waren hier. Ihre Wege kreuzten sich mit jenen, die gerade aus der Tram stiegen, weil sie vom Literatenzirkel in der Stadt nach Hause unter-

wegs waren. Neben all den literarischen Freunden und sonstigen Bekanntschaften füllte noch jemand Schnitzlers Tagebücher in den 1910er-Jahren. Sie war keine Künstlerin, keine Schriftstellerin, keine Intellektuelle. Sie war einfach: Stephanie Bachrach. Und sie hatte es Arthur Schnitzler angetan. Auch seine Frau Olga mochte sie. Seitdem Schnitzler Stephanie kannte, rückte ihm auch ein Haus im Cottage näher, mit dem er sich sonst nicht so beschäftigt hätte: das Cottage-Sanatorium am heutigen Joseph-Kainz-Platz. So etwas wie dieses „Gesundheitszentrum" für die zahlungskräftige Klientel hatte bei so viel frischer Luft, die im Cottage wehte, noch gefehlt. Und tatsächlich fanden so einige wohlhabende Patienten den Weg herauf in die prestigeträchtige Frischluftlage. 1908 wurde das Gebäude errichtet. An seiner Fassade haben sich zwei Stile ungefähr gleichwertig niedergeschlagen: der zeitgenössische Jugendstil und sicherheitshalber noch ein bisschen Barock. Drei Pavillons verbanden sich zu einem ziemlich stattlichen Komplex, der trotzdem nur über 76 Patientenzimmer verfügte, weil da unbedingt noch Platz bleiben musste für alle möglichen Annehmlichkeiten für die Patienten: Räume, in denen sie therapiert wurden, in denen sie sich entspannen konnten, Billiard spielen, lesen oder rauchen im eigenen Raucherzimmer. Obwohl gerade Sigmund Freud hier Patient war, weil er sich das Rauchen abgewöhnen wollte. Tennisplätze hatte der Komplex noch dazu. Und vor allem den Türkenschanzpark direkt vor der Tür. In kleinen Broschüren, die auf den Zimmern lagen, waren die besten Kaffeehäuser und Einkaufsadressen verzeichnet samt Preisen.

Im Sanatorium selbst wohnte auch sein Gründer. Dessen Namen notierte Schnitzler in den kommenden Jahren des Öfteren in seinem Tagebuch: Dr. Rudolf Urbantschitsch. Er ist an verschiedenen Stellen der Welt aus unterschiedlichsten Gründen aufgefallen: In den USA, wo ihn die letzte Etappe seiner Biografie hinführte, mit Publikationen zur Psychoanalyse. In Konstantinopel mit seinen Ausschweifungen in einem Luxushotel. Und in der kleinen großen Welt des Cottage dadurch, dass er regelmäßig Frauen ins Unglück zu stürzen schien. Davon war zumindest Arthur Schnitzler ziemlich überzeugt. Während der Ruf des Cottage-Sanatoriums sich ziemlich geschwind durch Europa verbreitete, eilte auch dem Gründer ein gewisser Ruf voraus, vor allem in Bezug auf Frauengeschichten. Schnitzler mochte ihn nicht. Nur die Frauen schienen ihm trotzdem ständig zu verfallen. In den 1920er-Jahren nannte ihn ein Wiener Boulevardblatt einen „Dämon". Arthur Schnitzler bezeichnete ihn als „mattoid-infantilen, sentimentalen Schönling". Urbantschitsch war der Großvater des österreichischen Hollywood-Schauspielers Christoph Waltz. Ähnlich prominent war auch die Klientel des Cottage-Sanatoriums. Einige recht bekannte Persönlichkeiten ließen sich in jener Anstalt behandeln: der serbische Schriftsteller, Politiker und Philosoph Laza Kostić etwa. Hermann Broch war hier Patient, Adolf Loos, Julius Korngold, der Vater des Komponisten Erich Wolfgang Korngold, der auch im Cottage wohnte. Und Kemal Atatürk soll ebenfalls da gewesen sein. Hier war auch Sigmund Freud Patient im Jahr 1926. Wie bereits oben erwähnt, wollte er sich endlich das Rauchen abgewöhnen. Als er hier war, besuchte ihn Arthur Schnitzler. Und auch Felix Salten schaute einen Sprung im Patientenzimmer vorbei. Aber vom Nikotin kam Freud trotzdem nicht los. In jenem Jahr war Urbantschitsch schon gar nicht mehr Leiter des Sanatoriums. Von sich reden machte er trotzdem. Nämlich als Autor. In einem Roman hatte er eine Liebesbeziehung verarbeitet. Eine, die tragisch endete – nicht für den Autor. Arthur Schnitzler hatte das Buch gelesen und, obwohl er den Autor nicht leiden konnte, sogar ein paar wohlwollende Worte dafür übrig. Das Vorwort, um das ihn Urbantschitsch gebeten hatte, wollte er trotzdem nicht schreiben. Denn es war zu viel passiert. Zu viel, wofür Schnitzler Urbantschitsch verantwortlich machte. „Julia und die Leidenschaft" hatte Urbantschitsch seinen Roman betitelt, den er unter einem Pseudonym veröffentlichte:

Georg Gorgone nannte er sich. Es war die Geschichte einer Beziehung zu einer Frau, zu Julia. Und diese Julia war im echten Cottage-Leben Stephanie Bachrach.

Sie war durchaus in wohlhabende Verhältnisse hineingeboren worden. Doch ihr Vater, ein Bankier, schlitterte in den Konkurs, beging später Suizid. Stephanie arbeitete im Cottage-Sanatorium als Krankenschwester. Sie zog von allen Seiten die Sympathien auf sich. Auch Jakob Wassermann, der jüdische Schriftsteller und Dauergast im Hause Schnitzler, war verliebt in sie. Auch Arthur Schnitzler war fasziniert von ihr. Genauso wie seine Frau Olga. Mit „Steffi B.", wie er oft notierte, spazierte er, spielte Tennis, traf sie hier, traf sie dort. Im Tagebuch klang das dann so: „Tennis im Regen mit Steffi", „Türkenschanzpark mit Frau Bachrach und Steffi", „Abendessen mit O. und Steffi Bachrach", „Nach dem Nachtmahl: Frau Bachrach, Steffi", „Regenguss, in der Tram Steff Bachrach, aus Grinzing kommend", „Zum Thee Heinrich Mann. Später Steffi Bachrach, Auernheimer; mit allen in den Park".

Die Schnitzlers wurden zu Stephanies engsten Vertrauten. Und schnell ahnten sie, das könne nicht gut enden, als die Beziehung mit Rudolf Urbantschitsch ihren Lauf nahm: Stephanie lernte 1915 Rudolf Urbantschitsch kennen. Damals war er noch verheiratet, unglücklich, wie er behauptete. Stephanie selbst war noch nicht ganz gelöst von ihrem letzten Liebhaber. Ungünstige Voraussetzungen. Der Sanatoriumsleiter Urbantschitsch wollte sie mitnehmen in den mittleren Osten, wo sie „ungestört von katholischer Moral als Mann und Frau zusammenleben könnten". Und tatsächlich verschlug es Urbantschitsch in die heutige Türkei und danach nach Syrien. Oder: Er wollte verschlagen werden. Gut vernetzt und protegiert in hohen Kreisen wie er war in Wien, konnte er auch bald abdampfen, im Jahr 1916. Mit viel Gerätschaft und Ausstattung im Zug Richtung Konstantinopel. Sein Auftrag: Ein Militärspital für die verbündeten Osmanen zu installieren. Die Mission geriet zur Groteske. Den in Syrien stationierten deutschen Truppen soll er versprochen haben, mit 25 Wienerinnen wiederzukommen. Viele hübsche Krankenpflegerinnen hatte er tatsächlich als Begleiterinnen dabei, als er in Konstantinopel ankam. Mit ihnen quartierte er sich in einem Luxushotel ein, wo in früheren Tagen die noblen Reisenden des Orient-Express abgestiegen waren. Die österreichische Gesandtschaft soll es sich ziemlich gutgehen lassen haben, wie Berichte erzählen, in denen auch Wörter wie „dionysisch" benutzt wurden. Das ganze Team soll recht exzessiv genossen haben, aus dem vom Weltkrieg durchgeschüttelten Wien einmal weggekommen zu sein. Als Urbantschitsch wieder zurückgeschickt wird, spitzt sich das Drama zu. Schnitzler ahnt es schon. Stephanies Schwester Mimi erzählte Schnitzlers Frau Olga, dass Stephanie zwischenzeitlich zur „Morphinistin" geworden wäre. Urbantschitsch soll seine Geliebte Stephanie Bachrach zu Drogenexperimenten benutzt haben. Während sich das Sanatorium füllte mit Patienten, die unter „Frontneurosen" litten, war Stephanie endgültig in die Abhängigkeit von Urbantschitsch gerutscht. Sie kam nicht mehr von ihm los. Schließlich nahm sie sich das Leben. Als Schnitzler mit Olga in Salzburg war, bekam er ein Telegramm mit dem Wortlaut: „Stephi heute früh an Veronal Morphium Vergiftung gestorben." Es war der 15. Mai 1917, Arthur Schnitzlers 55. Geburtstag. Am Abend notierte er in sein Tagebuch: „Erschütterung – und doch nicht – wie man glauben sollte – wir sahen es zu sehr voraus." Beim Begräbnis am Döblinger Friedhof sah Schnitzler Urbantschitsch „rastlos auf- und abgehen hinter Bäumen und Sträuchern". 100 Rosen ließ er auf den Sarg streuen. Das Zimmer Stephis in der Stadt hatte er für ein Jahr gemietet, um dort seine Trauerarbeit zu leisten. In seinem Tagebuch beschreibt Schnitzler Stephanie noch einmal mit rührenden Worten: „Unersetzliches für immer verlorenes Wesen. Das vornehmste unaffectierteste Geschöpf, das ich, das wir je gekannt. Ein Persönlichkeitsreiz, dem keiner sich zu entziehen vermochte. Wie mit ihr werden wir nie wieder spaßen und lachen können."

Am 1. März 1918 ist Schnitzler im Burgtheater und schaut sich die Inszenierung seines eigenen Stücks „Liebelei" an. Im Publikum sieht er Rudolf Urbantschitsch, der zu jenem Zeitpunkt liiert war mit der Schauspielerin Tilly Kutschera, die wiederum im Stück die Rolle der Mizi Schlager verkörperte. Schließlich aber sollte Urbantschitsch eine andere Burgschauspielerin heiraten: Maria Mayen. Ihre Kollegin Tilly Kutschera springt aus dem Fenster in den Tod. Im Februar 1925 bittet Urbantschitsch Schnitzler darum, das Vorwort für seinen „Schlüsselroman" zu verfassen. Schnitzler notiert in sein Tagebuch am 25. September 1925: „Vm. Dr. Urbantschitsch (U. 29 ...!) sein Roman erscheint demnächst; er möchte in einer Vorbesprechung meine (natürlich nur die) günstigen Äußerungen darüber erwähnen; was ich ablehne, resp. mir verbitte. Selbstmord seines Sohnes vor einigen Monaten. Seine psychoanal. Praxis!"

In der Rückbetrachtung des Falles rund um Stephi B. hat eine Zeitung, die schon damals als Revolverblatt galt, „Die Stunde", Urbantschitschs Roman besprochen unter dem Titel „Oberarzt und Nymphe". Darin behauptete der Autor, dass sich auch die Mutter von Stephanie Bachrach erhängte, als sie vom Inhalt des Romans erfuhr. Das stimmte zum Glück nicht. Schließlich emigrierte Urbantschitsch in die USA, wo er auch psychoanalytische Schriften veröffentlichen sollte. Er hatte in Wien selbst schon früh Verbindungen zu Sigmund Freud gehabt und wurde 1908 als jüngstes Mitglied in seine „Mittwochsgesellschaft" aufgenommen. Viele Jahre später sollte Freud über seinen Kollegen so urteilen (in einem Brief an seinen Freund, den Physiologen Arnold Durig): „Ich erwarte nicht, dass seine Tätigkeiten der Psychoanalyse nützen, glaube aber auch nicht, dass sie den Patienten oder dem Publikum viel schaden wird."

Arthur Schnitzler, ein Mittelpunkt

Als der Geist und die Kunst der Wiener Moderne allmählich zu glänzen begannen, strahlte auch das Cottage so „golden“ wie nie zuvor. Gustav Klimt und Josef Hoffmann saßen bei ihrem Mäzen Fritz Waerndorfer im Garten im Cottage. Dieser ließ sich so nebenbei von Charles Rennie Mackintosh seinen Musiksalon einrichten. Es war auch die Zeit, in der sich die Moderne der Architektur allmählich ins Viertel hochtastete. Zaghaft, aber immerhin. Hoffmann baute für den Schriftsteller Richard Beer-Hofmann dessen Villa im Jahr 1906. Zwei Jahre später war Robert Oerley mit der Villa Schmutzer an der Reihe. Die ließ allerdings von Konzepten à la Moderne noch nicht viel erkennen. Trotzdem war das Haus sicher einer der intensivsten sozialen Knotenpunkte. Ähnlich wie gegenüber die Nummer 71: die Villa, in die Arthur Schnitzler 1910 eingezogen war. Allein an den Schriftsteller Schnitzler knüpfen sich unzählige Lebensgeschichten und Biografien. Aus der direkten Nachbarschaft, genauso wie aus weiter entfernten literarischen Zirkeln. Um dort Anschluss zu finden, musste Schnitzler dann doch in die Tram oder den Fiaker steigen. Zum Kreis „Jung-Wien“, der sich im Café Griendsteidl formiert hatte, war Schnitzler schon viel früher gestoßen. Auch Hermann Bahr, Hugo von Hofmannsthal und auch Felix Salten gehörten zu den jungen Literaten, die beim Sitzen im Kaffeehaus ihre Gedanken kreisen ließen. Aber Schnitzler hielt nicht nur seinen Geist beweglich, auch sich selbst: im Türkenschanzpark sowieso. Aber auch wenn er weiter hinausspazierte, nach Gersthof, nach Pötzleinsdorf oder Salmannsdorf. Seine Tagebuchnotizen erzählen von ausgiebigen Spaziergängen in diese Richtung. Und auch darüber, wie Schnitzler sich schließlich seinen Lebensmittelpunkt für die letzten 20 Jahre eingerichtet hat. In Währing war er davor ohnehin schon gelandet, aber in der Spöttelgasse, die heute Edmund-Weiß-Gasse heißt, dort wohnte er mit seiner Frau Olga. Für die letzte Etappe seiner Wohnbiografie hatte er es nicht mehr weit. Die Sternewartestraße 71 lag ja fast um die Ecke. Über das Haus war er natürlich auch beim Spazieren gestolpert. Besser gesagt: Seine Frau Olga hatte zufällig die Burgschauspielerin Hedwig Bleibtreu getroffen. Sie war die Frau von Alexander Römpler. Bei diesem nahm Olga selbst Schauspielunterricht. Als Römpler starb, wollte Bleibtreu das Haus nicht mehr. Doch Schnitzler fand Gefallen daran. Vor allem, nachdem er es von innen gesehen hatte, wie er im März 1910 in seinem Tagebuch vermerkt hatte. „Dann mit O. das Haus Römpler-Bleibtreu besichtigt, Frau B. geleitete uns. Es überraschte mich aufs angenehmste, und der Gedanke des Kaufs wird lebhaft erwogen.“ Nur Geld hatte Schnitzler anfangs nicht. Das musste er sich bei seinem Bruder, einem Arzt leihen. Zur nächsten Besichtigung nahm er schon seinen Freund Richard Beer-Hofmann, der weiter oben in der Hasenauerstraße 59 im Cottage wohnte, mit. Am 29. März lautete der Eintrag so: „Mit O., Richard in die Römpler Villa. Der Baumeister und Cottage Direktor Müller (Bruder von Sommerstorff). Die Veränderungen leicht durchzuführen und billig. Zustand der Villa allerbest. Auch Richard war höchst eingenommen. Besprechung mit Frau Bleibtreu. – Ob ihr die Aussicht ins Grüne nicht abgehen würde? Sie: Es fehlt mir so viel, dass es darauf nicht mehr ankommt.“ Ein paar Tage später unterzeichnete Schnitzler den Kaufvertrag. „Fr. Römpler kam etwas später, las dann erst den Brief, den ihr O. ein paar Stunden vorher geschrieben – Vorschlag Nachlaß von 5.000 Kr. – sagte heiter: ‚In Gottes Namen‘ – und so war das Haus in unsern Besitz übergegangen. 95.000 Kronen; die Hälfte leiht mein Bruder, die andre die Sparkasse.“

Schnitzler war also auch im Cottage gelandet. So kreuzte sich nunmehr in seiner Person nicht nur ein literarischer und intellektueller Freundeskreis, sondern auch ein Geflecht an nachbarschaftlichen

Verbindungen. Sein Haus war – so wie viele andere – ein offener und geselliger Ort. Mit der Familie Schmutzer von gegenüber, wie wir weiter oben gehört haben, hatten räumliche Nähe, kulturelles Netzwerk und Sympathie schon eine enge Verbindung geflochten. Man traf sich regelmäßig, zufällig, geplant. Der Beginn der Beziehung könnte laut Tagebuch vom 7. Juni 1911 so ausgesehen haben: „Auf dem Heimweg lernte ich durch Steffi B. unsere Nachbarin Frau Schmutzer kennen." Dann ging es weiter, wie Schnitzler am 14. Juli 1911 vermerkte: „Schmutzer stellt sich mir vor bei der Tram." Bald darauf schon fertigte Ferdinand Schmutzer eine Radierung von Schnitzler an. Auch ihre Frauen Olga und Alice dürften sich gut verstanden haben. „Zum Nachtmahl: Schmutzers", diesen Eintrag findet man regelmäßig in den Aufzeichnungen Schnitzlers. Am 29. Oktober 1911 dann scheinbar der erste Besuch: „Schmutzers kamen, zum ersten Mal; nach Ansage über die Gasse hinüber." Danach finden sich ständig Einträge solcher Art im Tagebuch wie etwa: „Bei Schmutzers Billard, bei Frau Schmutzer im Garten." Oder: „N. d. N. bei Schmutzers. Frau Liesl gab sich als Lyrikerin zu erkennen und las mir einige z. Th. recht hübsche Gedichte vor." An anderen Stellen hört sich das so an: „Gegen Abend spazieren mit Fr. Schmutzer und ihren Kindern." Oder: „Wir treffen Frau Schmutzer mit ihren Kindern, begleiten sie in ihren Garten."

Die Kreise von Felix Salten

Das Haus Sternwartestraße 71 hatte seinen Fixplatz auf etlichen anderen sozialen Umlaufbahnen. Die Biografie von Felix Salten hat dort mehr als nur Berührungspunkte hinterlassen. Er war schon vor Schnitzler ins

Cottage gezogen. Er mietete eine Villa in der Cottagegasse 37. Schnitzler und Salten waren lange Freunde und wurden schließlich fast Nachbarn. Felix Salten war ebenfalls Jude. Aber im Gegensatz zu Schnitzler und den anderen aus den Kreisen, in denen er sich bewegte, kam er nicht aus großbürgerlichem Hause. In Währing hatte Salten, der als Siegmund Salzmann in Budapest geboren worden war, vor dem Cottage auch schon gewohnt. Aber wie er selbst später von sich erzählen sollte, lebte er dort wohl in ärmlichen Verhältnissen. In seinen Erinnerungen berichtet Salten über eine harte Jugend, die er auf den Straßen des Vorortes Währing verbrachte hatte. 1890 war Felix Salten zum ersten Mal in den Bann gezogen worden: von diesem Kreis junger Literaten, der sich im Café Griensteidl formierte. Dort saß auch Arthur Schnitzler. Mit „Freundschaft auf den ersten Blick“ hatte es in der Wahrnehmung Saltens begonnen. Und mit „gedeckter Herzlichkeit“, auch das waren Saltens Worte, war es viele Jahre weitergegangen. Bis sie sich im Cottage auch räumlich näher kamen. Obwohl sie sich zuvor vielleicht sogar persönlich näherstanden. Zumindest hatte Salten in späteren Jahren mit Bedauern festgestellt, dass sie selbst im Cottage-Viertel einander fernblieben. „Als sei der Weg zu weit“, so schrieb er es in einer Postkarte an Arthur Schnitzler im Februar 1927. Verbunden hatte Schnitzler und Salten in den Jahrzehnten zuvor trotzdem so einiges. Anfangs waren es die Frauen, für die man gemeinsam schwärmte, es war die Literatur, für die man sich gemeinsam begeisterte, der intellektuelle Austausch, aber auch das „Bicyclen“. Wie gemacht für Schnitzler war das neue Vehikel, mit dem sich gleich noch viel größere Kreise als zu Fuß durch die Landschaft ziehen ließen. Schnitzler war begeistert vom Radfahren. Auch mit Salten fuhr er viel Rad. Sogar auf Radurlauben waren sie gemeinsam.

Salten war im Feuilleton der „Neuen Freien Presse“ Buch-, Theater- und Kunstkritiker. Er liebte die Natur, das Leben, die Tiere. Er war Hedonist und Zionist. Berühmt wurde er als Schöpfer des Welterfolgs

„Bambi“ und berüchtigt als Autor der „Josefine Mutzenbacher“, ohne dass er sich jemals zu diesem Werk öffentlich bekannt hätte. Als Salten 1902 Ottilie Metzl heiratete, war Schnitzler sein Trauzeuge. Das Verhältnis zu ihm war im Laufe ihrer Freundschaft einmal enger, einmal loser. Zuweilen problematisch. Schließlich war Salten auch Kritiker. Und diese Tätigkeit hatte schon das eine oder andere Mal eine kleinere Krise im Freundschaftsverhältnis zu Schnitzler ausgelöst. Vor allem als Salten ein Feuilleton zu Schnitzlers „Reigen“ verfasst hatte, was dieser seinem Freund lange verübelte. Das war aber nicht der Grund, warum Schnitzler zeitlebens per Sie mit Salten blieb. Der Grund dafür lag eher in Schnitzler selbst. Er suchte die Nähe vieler, aber blieb dabei trotzdem eher auf Distanz. Vor allem auch körperlich. Salten hatte das einmal beschrieben: „Arthur Schnitzler war gegen jede körperliche Berührung überempfindlich und ablehnend bis zur Schroffheit.“

Intensiv war die Beziehung zu Schnitzler trotzdem. Es war ein freundschaftlicher Austausch. Und es war ein intellektueller. Was der eine schrieb, las der andere, und man kommentierte es auch oft. Auch „Bambi“ hat Schnitzler natürlich gelesen. Sein Tagebuch sagt sogar ganz genau, wann er damit angefangen hat, am 25. Dezember 1922: „Begann ‚Bambi‘ zu lesen, sowie die Liesl Schmutzer'schen Gedichte.“ Nicht nur beschäftigten sich viele Cottage-Bewohner mit dem Schaffen Saltens, er selbst kommentierte reichlich die Kunst anderer. Er war Kunstkritiker. So schrieb er über Ferdinand Schmutzer, der auch in der Nachbarschaft gewohnt hatte: „Das ist einer von den festgefügten Menschen; still in sich beharrend von Anfang an, unbeirrbar, wurzelecht und einfach. Wie ein Baum, der aus guter Erde aufwächst, am rechten Platz, und dem es von außen nicht an Sonne, von innen niemals an Kraft fehlt: Ferdinand Schmutzer, der Maler und Radierer.“ Mit diesen Worten eröffnete Salten, der vielseitig interessierte Journalist und Schriftsteller, im Juli 1920 einen

Artikel über den damals 50-jährigen Wiener Künstler in der „Neuen Freien Presse". Als Kunstkritiker beschäftigte sich Salten mehr als drei Jahrzehnte mit den Arbeiten Schmutzers. Dessen Frau Alice Schmutzer beschäftigte sich dagegen wiederum mit Saltens Schaffen: Sie rezensierte etwa sein Werk „Bob und Baby" im Jahr 1925. Schließlich war sie auch Redakteurin in der „Neuen Freien Presse". Einmal trudelte bei Arthur Schnitzler auch eine Bitte von Thomas Mann ein, per Brief. Er hatte ihm

Die Cottagegasse 37, eine der berühmtesten Adressen im ganzen Viertel. Vor allem auch, weil Felix Salten viele Jahre dort wohnte.

geschrieben, doch bitte Felix Salten seine Komplimente auszurichten. Mann hatte „Bambi" gelesen und es offensichtlich genossen. Schnitzler hatte es nicht weit, um Salten das Feedback auszurichten. Dafür musste er nur von der Sternwartestraße in die Cottagegasse einbiegen und an der Nummer 37 klopfen.

In jenem Haus, in dem Felix Salten wohnte, bis ihn die dunklen Zeiten zwangen zu emigrieren, war Schnitzler oft zu Gast. Spontane Besuche, Gesellschaften, Abendessen und Feiern führten ihn hin. Die Villa steht in der Cottagegasse 37. Jenes Haus war wie so viele andere ein etablierter Ort der Kommunikation. Auch der Zionismus war hier regelmäßiges Thema. Ein Eintrag bei Schnitzler am 31. Dezember 1923 zeigt es: „N. d. N. mit den Kindern zu Saltens. Die Cottageleute u. a.; Terramare (über allerlei literarisches; Stoffe, Ruf des L. etc.), Herbert Eulenberg; (mit ihm über seine Amerika Reise; über Zionismus und Theodor Herzl (anlässlich bevorstehender Reise F. S.s in zionistischer Sache (ahnt er, wie wurst sie ihm ist?) nach Palaestina)). Lili in ihrem neuen schönen gelben Kleid, sah wie achtzehn aus." Und noch jemand, der sich mit der Geschichte des jüdischen Volkes auseinandersetzte und als Zionist galt, wohnte nur ein paar Häuser entfernt. Ebenso war er ein enger Freund Schnitzlers. Und er war Schriftsteller: Richard Beer-Hofmann.

Rund um Richard Beer-Hofmann

Josef Hoffmann hatte für ihn die Villa in der Hasenauerstraße 59 entworfen. Und damit nicht nur dem Schriftsteller und seiner Familie ein Zuhause gebaut, sondern auch dem intellektuellen Austausch ein neues Zentrum, einen sozialen Treffpunkt der kulturellen-kreativen Elite Wiens, der Theaterwelt und der Literatur. Hermann Bahr, Hugo von Hofmannsthal, Max Reinhardt, Hugo Thimig, Richard Strauss, auch Stefan Zweig und Thomas Mann hatten sich bei Beer-Hofmann im Gästebuch eingetragen. Und natürlich regelmäßig einer seiner engsten Freunde: Arthur Schnitzler. Lange Spaziergänge führten sie gemeinsam, nachdem Schnitzler schließlich auch ins Cottage gezogen war, durch das Viertel und den Park. Sie sprachen über alles. Auch über das Judentum und über den Zionismus. Beer-Hofmann war diesen Ideen eher zugetan, Schnitzler lehnte sie ab. Bevor sie die Nähe im Cottage verband, war es ein reger Briefverkehr, der Schnitzler und Beer-Hofmann zusammenschweißte. Auch er war 1891 zum Kreis „Jung-Wien" dazugestoßen, machte sich bald einen Namen als Schriftsteller, Felix Salten gehörte ebenso zu seinen engen Freunden, die wie er später im Cottage leben sollten. Das 1897 verfasste „Schlaflied für Mirjam" gehört zu Beer-Hofmanns bekanntesten Werken. In den Tagebüchern Schnitzlers taucht Beer-Hofmanns Name regelmäßig auf, wie etwa am 14. März 1909: „Vormittag kam Richard, mit ihm zu Salten, er bewohnt ein Haus in der Cottagegasse, das wir (O. und ich) miethenshalber an dem Tag besichtigt hatten, an dessen Abend sie an Scharlach erkrankte. – Es sieht behaglich und wohlgehalten aus. – Daheim traf ich Wassermann an." Und diesen hier erwähnten „Wassermann", den sollte Schnitzler immer wieder an verschiedenen Orten antreffen. Sehr oft auch später bei ihm zu Hause im Cottage.

Der jüdische, damals sehr populäre Schriftsteller Jakob Wassermann, hinterlässt seine Spuren in Schnitzlers Tagebuch genauso wie im Cottage selbst. Die Hasenauerstraße 43 wird oft als eine seiner Wohnadressen zwischen 1920 und 1924 angegeben. Ende des 19. Jahrhunderts war Wassermann in den Zirkel rund um Arthur Schnitzler geraten und Schnitzler wiederum in den Bekanntenkreis Wassermanns. Dieser war verheiratet mit Julie Speyer, einer Frau, die durchwegs als „exzentrisch" beschrieben wurde. Allein durch sie schloss sich ein weiterer sozialer Kreis im Cottage. Ihre Schwester war Paula Speyer, die später Schmidl hieß, weil sie den Industriellen Hugo Schmidl geheiratet hatte. Dieser besaß einige Webereien und ließ sich in der Türkenschanzstraße 48 eine Villa bauen. Und natürlich war auch dieses Haus ein gastfreundliches und offenes. Das

Auch in der Cottagegasse reihten sich die unterschiedlichsten architektonischen Stile einträchtig aneinander.

Gästebuch verrät es: Richard Beer-Hofmann, Felix Salten. Und natürlich Schnitzler. Die üblichen literarischen Verdächtigen kamen regelmäßig. Wie viele andere auch. Zwischen den Schnitzlers und den Schmidls entstand eine Freundschaft. Schon am 13. März 1911 notiert Schnitzler in sein Tagebuch: „Zu Nachtmahl bei Schmidls." Am 9. Oktober 1919 liest sich das dann etwa so: „Nach Tisch kamen Hugo und Paula Schmidl, die uns zur Bahn begleiteten. Liebe Leute." Die Schwester von Paula Schmidl, die spätere Julie Wassermann, sie taucht auch einige Male auf in den Notizen des Schriftstellers. Denn Jakob Wassermann litt unter den Allüren seiner Frau und unter einem langen Scheidungskrieg. Auch als die Ehe gescheitert war, blieben die Schmidls mit Schnitzler befreundet. 31. Jänner 1924: „Z. N. bei Paula Schmidl. Dora und ihr Mann waren angekommen. Julie Wassermann und Hr. Kirsch." Karl Kirsch hatte die Tochter der Schmidls (Johanna oder Hansi) geheiratet und leitete die Webereien nach dem Tod von Hugo Schmidl.

Die Schmidls waren längst nicht die einzige jüdische Familie im Cottage, mit denen Schnitzler mehr verband als nur die jüdische Herkunft. Seine Beziehungen spannten sich quer durch die Welt der Literatur, des Theaters, aber auch mittenhinein in prominente jüdische Unternehmerfamilien. Jene etwa, die aus Böhmen oder Mähren nach Wien migriert waren, und ohne die das Fin de Siècle und die Zeit vor dem Ersten Weltkrieg nicht so „golden" ausgefallen wäre, wie sie noch in die Wahrnehmung der Gegenwart hineinglänzt. Einige jüdische Familien waren nicht nur unternehmerisch erfolgreich, sie waren auch im Sozialprestige ziemlich weit nach oben geklettert, und genau das führte allmählich auch topografisch ein wenig weiter hinauf, in die Nähe der Türkenschanze, ins Cottage eben. Sozialer Aufstieg hieß auch: Sich quer durch Wien wohnen. Wie Schnitzler. Von der Leopoldstadt gleich beim Nordostbahnhof, wo die Familie gelandet war, über die Ringstraße, die das jüdische Bürgertum mitprägte und vor allem auch mitbaute, bis ins Cottage-Viertel. Dort waren die erfolgreichen Unternehmerfamilien dann oft Nachbarn erfolgreicher Künstler: Manche von ihnen haben es aber auch nur nach oben geschafft, weil sie unterstützt worden waren von den jüdischen Familien. Sie machten Geld. Aber sie gaben auch viel Geld. Sie engagierten sich sozial. Und kulturell. Sie förderten die Künste. Und sie konsumierten sie auch. Sie füllten ihre Kunstsammlungen mit Bildern und Skulpturen, sie füllten auch die Theatersessel am Ring und die Logen in der Oper. „Sie kauften Bücher, sie besuchten Ausstellungen, fast alle großen Kunstsammlungen des neunzehnten Jahrhunderts waren von ihnen geformt", schrieb Stefan Zweig in „Die Welt von Gestern". Und viele dieser Kunstsammlungen wuchsen auch im Cottage-Viertel und bekamen dort in den Häusern ein Zuhause. Die Kunst förderten viele Familien, indem sie Institutionen wie den Musikverein oder das Konzerthaus mitfinanzierten. Doch vor allem auch direkt in ihren eigenen Häusern. Wenn sie Menschen, Künstler, Kreative in ihren Salons und zu Abendgesellschaften versammelten und in ihre Musikzimmer luden. So weit hat es auch erst kommen können, weil die Juden 1867 endlich allen anderen gleichgestellt wurden: Sie durften studieren, alle Berufe ausüben, Immobilien besitzen. Erst das ließ die Ringstraßen-Ära so epochal aufblühen. Und erst das ließ das Fin de Siècle so kreativ und kulturell strahlen. Bis eben tief ins Cottage hinein. Und wo sich die intellektuellen, kulturellen und wirtschaftlichen Fäden am dichtesten verknotet hatten, knüpften jüdische Familien mit. Egal ob es der berühmte Salon der Berta Zuckerkandl an der Ringstraße war. Oder die Gesellschaftszimmer einer Cottage-Villa beim sonntäglichen Jour fixe.

Zu diesen Familien gehörten auch die Gutmanns. Bekannt waren sie nicht nur dafür, dass sie sich mit unternehmerischem Erfolg schnell zu „Kohlenbaronen" geld-geadelt hatten, sondern auch für ihr humanitäres Engagement. Schwer erfolgreich und tief philanthropisch, die Familie Gutmann war beides zugleich. Unzählige karitative Institutionen finanzierte sie mit unterschiedlichen Stiftungen. Darunter auch das „Israelitische Mädchenwaisenheim" in der Döblinger Ruthgasse 21, oder auch das Rudolfinerhaus in Döbling. Genauso wie die Wiener Poliklinik. Und dort, an diesem Faden des sozialen Engagements, knüpft auch die Lebenslinie von Arthur Schnitzler an. Denn sein Vater Johannes Schnitzler hatte in der Klinik in der Mariannengasse 10 in Wien Alsergrund eine Laryngologische Abteilung eröffnet. Schnitzler selbst hat dort als Assistenzarzt seines Vaters gearbeitet.

Die Villa der Familie Gutmann in der Cottagegasse 50, Ecke Colloredogasse 24.

Wilhelm und David Gutmann waren 1850 nach Wien gekommen. Und waren entlang der Erfolgs- und Prestigeleiter hier schnell nach ganz oben gedampft. Schließlich hungerte alles in der zweiten Hälfte des 19. Jahrhunderts nach einer Ressource: Alles, was dampfen wollte, brauchte Kohle. Die Industrie, die Eisenbahn, der Fortschritt. Besagte Familie machte schnell Fortschritte in der eigenen Wohnbiografie. In Wien gelandet war sie anfangs noch, wo Schnitzler und all die anderen jüdischen Familien normalerweise beginnen: in der Leopoldstadt. Doch bald schon reichte es für stattliche Sommerfrische-Villen in Baden und ansehnliche Stadtpalais, bereits diese etablierten sich gleichzeitig als Zentren der damaligen Kunstwelt. Und auch tief ins Cottage-Viertel sollte es einen Strang der Familie samt unternehmerischer Erfolgsgeschichte führen. Max Gutmann, der Sohn von Wilhelm, lebte hier mit seiner Frau Emilie, die die Tochter des Schauspielerpaares Hartmann war, das ebenfalls im Cottage wohnte, in der Sternwartestraße 55. Auch die Villa Gutmann in der Cottagegasse 50, Ecke Colloredogasse 24, war vieles zugleich: ein Zuhause, ein Rückzugsort, eine Residenz, ein Treffpunkt. Und eine offene Anlaufstelle für Künstler und Musiker. Da standen schon regelmäßig Johannes Brahms vor der Tür oder auch der Geiger Joseph Joachim. Vor einem Haus, das noch unter der Baukanzlei-Leitung von Carl Borkowski erbaut worden war. Gutmann hatte es auf den Namen seiner Frau 1896 gekauft. Und Max Gutmann pflegte in jenem Haus auch die gute Gutmann-Tradition: zu fördern und zu helfen. Davon profitierte nicht nur der Wiener Musikverein oder das Wiener Konzerthaus. Auch einer der bedeutendsten Geiger der Zwischenkriegszeit wäre wohl nicht so bedeutend geworden, hätte er nicht einmal an die Tür der Gutmann-Villa geklopft: Bronislaw Hubermann. Man wollte ihn schon abwimmeln, obwohl er extra aus Galizien gekommen war. Schließlich wird er vorgelassen und das sollte alles für ihn ändern. Aus einem schmutzigen Fetzen soll er seine Geige ausgewickelt haben, er spielte vor, entzückte Max Gutmann, und schon hatte er einen lebenslangen Unterstützer. Und konnte 1896 im Alter von dreizehn Jahren mit einem gefeierten Debüt im Musikverein seine Karriere beginnen. Später wird er noch einige Male an die Gutmann-Tür klopfen. Denn er wurde der Geigenlehrer von Gutmanns Tochter Elsa. Talent und Erfolg führten ihn rund um die Welt und später sogar noch einmal kurz ins Cottage zurück. Bei einer Flugzeug-Bruchlandung in Sumatra im Jahr 1937 hatte sich Huberman schwer verletzt. Zur Erholung kam er unter anderem auch ins Cottage-Sanatorium.

Noch zu einer anderen jüdischen Unternehmerfamilie hatte Schnitzler Verbindungen. Nachbarschaftliche und später sogar familiäre. Obwohl er die Verbindung und die Heirat seines Sohnes Heinrich nicht mehr miterlebte. Die Familie Strakosch bediente nicht den Hunger nach Kohle wie die Gutmanns, sie stillte jenen nach: Zucker. Und so wie die Gutmanns „Kohlenbarone“ waren, war Siegfried Strakosch der „Zuckerkönig“. Die Familie Strakosch war aus Mähren gekommen, sie gründeten eine Zuckerfabrik in Hohenau, die Grundlage ihres Vermögens. Aber nicht nur das Management beschäftigte Strakosch. Auch etwa pflanzenphysiologische Fragen zur Zuckerrübe. Oder größere Zusammenhänge wie die Rolle von Landwirtschaft in der Gesellschaft. 1913 erhielt er deshalb auch ein Ehrendoktorat jener Hochschule, die sich gleich neben dem Cottage angesiedelt hatte, der BOKU. In dem Haus, das Strakosch zehn Jahre zuvor gekauft hatte, hatte früher ein BOKU-Professor gewohnt. Die Villa in der Sternwartestraße 56, Ecke Gustav-Tschermak-Gasse 1, war das, was so viele Häuser waren: Ein gesellschaftlicher und auch künstlerischer Knoten- und Treffpunkt. Denn die Familie Strakosch hielt es ähnlich wie manche andere: Sie liebten, förderten und pflegten Kunst und Kultur. Dabei vor allem: die Musik. Schnitzlers Tagebuch verrät es: Auch er war hier regelmäßig zu Gast. „Z. N. bei Strakosch’, wo Exc. Seidler, Salten’s, Schmutzers, Frau Lili Oppenheimer. – Viel über

Goethe, – Familie, Bücher über ihn etc." Immer wieder dieser Eintrag. „Z. N. bei Strakosch." Manchmal wirkt es, als hätte Schnitzler nie zu Hause gegessen.

Aber nicht nur das Essen war ein Grund, um Siegfried und Wally Strakosch zu besuchen. Sie pflegten ein offenes und geselliges Haus. Man spielte Kammermusik in der Halle, aber auch Kabarett. Hier trafen sich Gesellschaften. Ob zum Abendessen oder am Sonntagnachmittag zum Jour fixe, wie ihn so manche wohlhabende Familie in Wien damals pflegte; es war Open House, man kam ohne Voranmeldung einfach vorbei. Oder man verabredete sich im Haus, weil auch ernstere Themen anstanden: Etwa als nach dem Ersten Weltkrieg Menschen, von Armut gebeutelt, die Wiener Innenstadt plünderten. Da wollte man sich auch im Cottage darauf vorbereiten mit einer Art „Bürgerwehr". Zu ihrem Hauptquartier war das Haus von Siegfried Strakosch geraten, dort versammelte sich die „Cottage-Garde". Doch viel mehr als das war sein Haus ein Hauptquartier der Künste, der Musikliebhaber. Siegfried Strakosch selbst soll ein ausgezeichneter Geiger gewesen sein. Im Haus veranstaltete er auch Konzerte für junge Künstler. Felix Salten schrieb in einem Nachruf: „Sein Temperament war von Musik beschwingt." Auch Salten und Strakosch waren eng befreundet. Kein Wunder also, dass auch die Familie Strakosch zu einer Neujahrsgesellschaft bei Salten in der Villa, in der Cottagegasse 37, vorbeischaute. Mit ihrer Tochter Lilly. Und hier sollte sie ihren späteren Mann kennenlernen: Denn auch Heinrich Schnitzler, der Sohn Arthur Schnitzlers, war gekommen. Es war der 1. Jänner 1932. Lilly Schnitzler, geborene Strakosch, erzählt im Buch von Georg Markus „Unter uns gesagt" vom Kennenlernen: „Er war ein wunderbarer Pianist und ich spielte Geige und so lud er mich ein, zum Musizieren zu ihm zu kommen. So fing es an." Sie heirateten, sie flohen gemeinsam vor dem Nationalsozialismus ins Exil und sie kehrten beide gemeinsam in den 1950er-Jahren wieder ins Cottage zurück, in die Villa der Familie Strakosch. Heinrich

Schnitzler war Schauspieler und Regisseur, doch auch die Musik begleitete die Familie stets. Lilly war in den USA als Geigerin in Orchestern und Kammermusikensembles engagiert. Ihr zweiter Sohn Michael Schnitzler kam in den USA zur Welt. Auch er wurde Geiger. Auch er wohnte später und bis heute im Cottage, in der Sternwartestraße, unweit vom Haus seines Großvaters Arthur Schnitzler.

Musik verbindet

Die Villen waren voller Musik. Nicht nur bei der Familie Strakosch. Und nicht nur weil Virtuosen, Operndivas, Komponisten in ihnen wohnten. Sondern weil viele andere, die ihre größeren Talente vielleicht woanders hatten, Musik trotzdem pflegten, in den Salons und Musikzimmern der Häuser. Auch am Richard-Kralik-Platz Nummer 3 steht ein Haus, in dem Klänge stets mitgeschwungen sind. Der Platz hieß früher Carl-Ludwig-Platz, zu Ehren des langjährigen „Protektors" des Cottage Vereins, Karl Ludwig, des Bruders von Kaiser Franz Joseph. Auch ein Brunnen samt Obelisken erinnerte ein paar Jahrzehnte an ihn. Beide stehen nicht mehr, eine Bombe beschädigte ihn, den restlichen Abbruch erledigte die Stadt. Jetzt erinnert der Platz an Richard Kralik. Und das markante Haus, das dort steht, ebenfalls. Nur nicht so explizit. Kralik war Schriftsteller und so einiges mehr. Jene Villa war zwar sein Wohnhaus und doch viel mehr als das. Erbaut hatte es einer, der an anderer Stelle die Stadtsilhouette Wiens recht prägnant mitgezeichnet hatte: Wilhelm von Flattich hatte auch den alten Wiener Südbahnhof entworfen. Das Heim von Richard Kralik war so etwas wie ein Haus der Kultur. Im Salon fanden ab 1920 Dichterlesungen, Musikveranstaltungen und Diskussionsrunden statt. Als die „Kralik-Dienstage“ sollten sie bald zum fixen Repertoire des Wiener Kulturwochenkalenders gehören. Auch die Schwester von Richard, Mathilde Kralik von Meyerswalden, war kreativ und talentiert: als Musikerin und Komponistin. Sie lebte in einer Wohnung in der Weimarer Straße 89. Sonntagnachmittags war das Haus voll: mit Musik und vielen Menschen, die sie genossen. Denn dort hielt Kralik von Meyerswalden ihre weithin geschätzten Soireen ab. Sie hatte auch Dichtungen ihres Bruders vertont, und umgekehrt hatte dieser für manche ihrer Kompositionen Libretti geschrieben. Ihre Oratorien und Chorwerke wurden im großen Musikvereinssaal in Wien aufgeführt und sie wurde zur Mitbegründerin des Clubs der Wiener Musikerinnen. Dort engagierte sie sich für das Werk ihrer Kolleginnen und setzte sich außerdem für Frauenrechte ein.

Der Richard-Kralik-Platz hieß früher Carl-Ludwig-Platz. Als Referenz auf den Protektor des Cottage Vereins.

Auch im Haus in der Sternwartestraße 35 war immer wieder die Musik zu Hause. In einer Villa, die bereits in der ersten Bauphase des Cottage vom Leiter der Baukanzlei Carl Borkowski erbaut worden war, noch in jenem etwas schlichteren Stil, der für die Anfangsphase typisch war. Spätestens mit dem Komponisten und Dirigenten Erich Wolfgang Korngold ist auch die Musik dort eingezogen. Das war im Jahr 1928. Bald schon verschlug es Korngold nach Hollywood. Max Reinhardt hatte ihn dorthin eingeladen, um für einen Film die Musik zu arrangieren. Danach komponierte Korngold für 19 Filme die Musik und bekam zweimal den Oscar. Zu seinen Hauptwerken zählt „Die tote Stadt", entstanden im Jahr 1920. Sein Vater Julius Korngold ließ von Ferdinand Schmutzer in der Sternwartestraße 62 eine Porträtradierung anfertigen. Und ein anderer, der ebenso für die Musik lebte, wurde auch in Schmutzers Atelier vorstellig: Theodor Leschetizky. Er wohnte in der Weimarer Straße 60, wo die Musik zum Haus gehörte wie Dach und Garten. Theodor Leschetizky war Klavierpädagoge, Pianist und Komponist. 1881 war er bereits in die Villa eingezogen und lebte bis zu seinem Tod 1915 darin. Seine Musik und Virtuosität klangen nicht nur durch das eigene Haus. Auch durch jenes Haus, das im Cottage ursprünglich allen gewidmet war, dem Cottage-Casino: Dort setzte sich Leschetziky regelmäßig ans Klavier, um Zuhörende zu unterhalten. Nicht ganz so offiziell öffentlich, aber dennoch ziemlich offen war seine eigene Villa: Namhafte Komponisten wie Franz Liszt und Johannes Brahms spazierten die Weimarer Straße entlang, um ihn zu besuchen. Am rechten Erker der Villa erinnert eine Gedenktafel an Leschetizky.

Ein Zuhause für die Kunst

Ein anderes Haus, in dem die Kunst, das Design, die Gestaltung überhaupt hochgehalten wurde, war das Haus in der Colloredogasse 30. Dort wohnten der Unternehmer Carl Angerer und seine Familie. Allein in seiner Person überblendeten sich die Künste: jene, die für die Ohren bestimmt sind, mit jenen, die sich an die Augen richten. Angerer selbst soll ein ausgezeichneter Geiger gewesen sein und die Villa auch ein Ort, an dem wöchentlich Streichquartette stattfanden. Das Geld verdiente er mit seinem Unternehmen, das den Kunstdruck und Drucktechniken überhaupt revolutioniert hatte. Angerer war Buchdrucker, bis er 1871 die „chemigraphisch-artistische Anstalt" gegründet hatte. Mit der „chemisch-graphischen Zinkätzung" entwickelte er ein Verfahren, das in die Geschichte der Drucktechnik eingehen sollte. Als seine Nachkommen schließlich 1971 aus dem Haus gezogen waren, blieb Kunst und Musik ein Teil von ihm. Denn der nächste Besitzer war auch jemand, der seine Talente in vielen Kunstgenres parallel pflegte: Arik Brauer war nicht nur Maler. Auch Liedermacher und Sänger. Wie auch seine Töchter Timna und Ruth Brauer. Seit den 1970er-Jahren hatte Arik Brauer sein Haus zur „Arik-Brauer-Villa" geformt. Architektonisch durch Umbauten im Inneren genauso wie inhaltlich. Im Untergeschoß hat er sich ein Museum eingerichtet, das seine Werke zeigt und sich für Veranstaltungen öffnet. Selbst nach seinem Tod im Jahr 2021 laufen dort die kreativ-kulturellen Beziehungsfäden der Stadt weiterhin zusammen.

Gerade um die Wende zum 20. Jahrhundert herum überspannte das Cottage ein noch viel dichteres Beziehungsgeflecht. Noch ein Haus, in der sich die Kunstszene vergemeinschaftete, war jenes des Industriellen Fritz

Waerndorfer. Er stammte aus einer wohlhabenden Familie, die Baumwollspinnereien besaß. Hermann Bahr hatte ihn zur Wiener Secession gebracht. Das führte ihn wiederum mit vielen Persönlichkeiten zusammen, die das künstlerische Selbstverständnis der Zeit neu kalibrierten. Viele jener Künstler, unter ihnen auch Josef Hoffmann, saßen regelmäßig bei ihm im Garten. Schließlich hatten sie einiges miteinander zu tun und viel zu bereden. Denn Waerndorfer hatte die Wiener Werkstätten

In der Colloredogasse 30 wohnte früher der Unternehmer Carl Angerer. Ab 1971 ließ sich dort der Künstler und Universalist Arik Brauer nieder.

mitbegründet, er war ihr Finanzier. Schon ein Jahr zuvor hatte er ganz privat bewiesen, wie wichtig ihm handwerklich hochwertige, zeitgemäße Gestaltung war: Er hatte Charles Rennie Mackintosh aus Glasgow beauftragt, den Musiksalon seiner Villa einzurichten. Sie befindet sich in der Weimarer Straße 59, Ecke Colloredogasse 19. Sichtziegel und steile Dächer, ein typisches Beispiel der frühen Bauperiode im Cottage. Gebaut wurde das Haus 1880, gekauft hat es Waerndorfer 1896. Aber Carl Borkowski, der Architekt, sollte längst nicht der einzige bleiben, der seine gestalterische Handschrift dem Haus einschrieb. Auch Josef Hoffmann gestaltete die Villa im Innenraum mit: Um das Kinderzimmer, das Esszimmer, sowie das Arbeitszimmer kümmerte er sich zwischen 1902 und 1903. Ein paar Jahre später, 1908, holte Waerndorfer Koloman Moser, um das Kabinett neu auszugestalten. Waerndorfer war kultureller Netzwerker und die Wiener Werkstätte erarbeitete sich in der Stadt bald den Ruf, Räume zu gestalten, in denen das Netzwerken ganz gut funktionierte: etwa das Kabarett Fledermaus, das sich von 1907 bis 1913 in der Kärntner Straße befand. Dort bildete sich bald ein beliebter Treffpunkt für Schriftsteller, Tänzer und Schauspielerinnen. Genauso entwickelte sich das Zuhause von Waerndorfer schnell zu einem Mittelpunkt der Szene. Vor allem für jene, die sein Faible für das Schöne teilten. So war besonders seine Villa zum begehbaren Schaukasten von ungewöhnlichen und exquisiten Design- und Kunstobjekten geraten. Die Einladung zu Waerndorfers Gesellschaften war die Eintrittskarte, diese zu bestaunen und zu bewundern. Gäste kamen zahlreich, der Maler Carl Moll gehörte zu ihnen ebenso wie Peter Altenberg – zu Abendessen, Feiern und Veranstaltungen. Platz und Räume dafür hatte die Villa genug. Die künstlerisch-handwerkliche Haltung der Wiener Werkstätte war auch die Schablone für das Interieur der Villa: Die kleinsten Details bekamen gestalterische Aufmerksamkeit, bis hin zu den handgeschmiedeten Türklinken. Doch nicht nur die Einrichtung war gleichsam Exponat, auch ein Terrarium mit exotischen Schlangen zog die Blicke der Besucher auf sich. Und wer das Glück hatte, zu den ausgewählten Gästen zu gehören, der durfte sich noch an einer weiteren Besonderheit begeistern: Wenn Waerndorfer die Flügeltüren der Wandvertäfelung öffnete, um eines seiner Klimt-Bilder zu zeigen, das er gekauft hatte: „Die Hoffnung", die Abbildung einer schwangeren Frau. Doch seine Liebe zur Gestaltung und zur Kunst wurde Waerndorfer schließlich zum Verhängnis. Als kaufmännischer Direktor der Wiener Werkstätte führte er das Unternehmen in den Ruin. Auch er selbst musste privat Konkurs anmelden. 1914 emigrierte er in die USA. Das herausragende Interieur seiner Villa, das Charles Rennie Mackintosh und Josef Hoffmann gestaltet hatten, blieb verschollen.

8

Das soziale Leben im Cottage

Die Häuser des Cottage waren dafür gemacht, das Viertel selbst auch dafür angelegt: nämlich nicht nur nebeneinander zu wohnen, sondern auch gemeinsam im Cottage zu leben. So einzeln die Häuser stehen, als Einzelgänger haben sie sich nie wirklich verstanden. Die Häuser selbst schufen die Voraussetzungen und Gelegenheiten, dass Menschen zusammenkommen. Allein architektonisch und räumlich. Schon durch die Grundrisse. Platz bekamen da die Bewohner reichlich, genauso aber die Besucher. Beim Hereinkommen wurden ihnen schon ein paar extra Quadratmeter gegönnt, ebenso den Gesprächen und dem Gedankenaustausch in den Esszimmern und Salons. In den Häusern wurde eben nicht nur eifrig an Familienbanden geflochten, sondern auch an ganz anderen Netzwerken. Die Häuser hatten die Räume, die Bewohner lieferten die Anlässe: Soiree, Matinee, Abendessen, Nachmittagstee, Jour fixe, Diskussionsrunde, Kammermusik. So wie die Hausbesitzer ihre Gäste willkommen hießen, so sprach auch die Architektur selbst ein paar eindeutige Einladungen aus. Selbst wenn die Häuser fast höflich einen Schritt von der Straße zurückgetreten waren.

Damals quietschte noch die Straßenbahn um die Ecke in die Hasenauerstraße. Dort, wo sich das Gebäude des Eislaufvereins befand.

Denn das taten sie, um dem Vorgarten Platz zu lassen. Ein Zwischenraum, in dem das Öffentliche schließlich ins Private hineinlappen darf. Wo es sich aber auch leicht in den öffentlichen Raum hinauskommunizieren lässt. Das öffnete Gelegenheiten für informelle Gespräche quer durch die hübschen gusseisernen Einfriedungen. So waren in den Entwürfen vieler Häuser nicht nur jene mitgedacht, die darin wohnen sollten, sondern auch alle anderen, die theoretisch einmal zu Besuch kommen könnten. Manche Kritiker befanden sogar, dass das Leben aller anderen dort sogar mehr Platz bekommt als jenes der Familie, die darin wohnt. So schrieb Erich Keil in der „Gartenlaube" im Jahr 1878: „Was aber die Zinsburgen nicht verschulden, das verschuldet die altererbte, hoch in Ehren gehaltene, aber recht unpraktische Sitte, das beste und größte Zimmer stets wiederum der Geselligkeit, das heißt als sogenannten Salon, zu opfern und sich dafür mit Kind und Kegel auf die kleineren, oft finsteren Zimmer zu beschränken.“ Doch später renkte sich dieses Missverhältnis fast automatisch wieder ein. Die Häuser im Cottage wurden größer, weil auch ihre Bewohner wohlhabender wurden. Räume, die als Treffpunkte fungierten, gab es trotzdem in den großzügigen Grundrissen reichlich: Herrenzimmer, Salon, Raucherzimmer, Speisezimmer. Und wie die Kaffeehäuser im Stadtzentrum die Wohnzimmer für alle waren, gerieten die Herren-, Speise-, Raucherzimmer und Salons zu den Cottage-Wohnzimmern für viele. Und manchmal verbrachte man in den Wohnzimmern der anderen beinahe mehr Zeit als in den eigenen.

Die Räume in den Häusern forcierten gestalterisch die Interaktion. Und der Raum für alle, der Stadtraum davor, der war ohnehin auch Schauplatz der informellen Gespräche. Vor allem, wenn man ihn im Schritttempo flanierend durchstreifte. Das Viertel selbst hatte die Merkmale „zusammen“ und „gemeinsam“ regelrecht fix eingeplant in seinem Konzept. Baulich investierte man schließlich 1874 tatsächlich in die sozialen Beziehungen: in Form des Cottage-Casinos zu Währing; es bekam in der Weimarer Straße 50 sein Zuhause. Das einzige Haus im Cottage, das der damalige Vereinsobmann Heinrich Ferstel gebaut hatte. Es war der einzige soziale Treffpunkt, in dem niemand wohnte. Dort fanden Vorführungen statt auf einer improvisierten Bühne, die später zur Fixeinrichtung wurde. Laien boten Opern dar und Theaterstücke. Die Cottage-Bewohner schauspielerten dort, sie sangen, sie spielten Klavier. Auch der Architekt der Baukanzlei Carl Borkowski schrieb sich regelmäßig in die Liste der Vortragenden ein. Genauso wie Musiker, die es von ihren Villen auch nicht sonderlich weit hatten: Theodor Leschetizky bemühte eifrig die Tasten des Flügels im Cottage-Casino, das auch Tombolas einen Raum bot genauso wie Bällen, die man dort veranstaltete. Als Heinrich Ferstel starb, übersiedelte das Casino in das Haus des Cottage Vereins, das sich in der Sternwartestraße 53 befand.

Wo Kugeln rollten, kamen die Menschen ebenso gern zusammen. Beim Billard in den Villen wie entlang der Kegelbahnen. Manche hatten sich auch im Garten Anlagen dafür installieren lassen, viele überdacht und beleuchtet sogar. Ansonsten wich man eben in die Wirtshäuser der Umgebung aus, die Kegelbahn war dabei fast so obligatorisch wie der Schanigarten unter dem Blätterdach der Kastanienbäume. Doch die Lokale umkreisten das Viertel eher, als dass sie sich direkt ins Cottage vorgewagt hätten. Für viele von ihnen war ohnehin längst Sperrstunde für immer. Selbst für die zwei Lokale, die im Türkenschanzpark außer müde Spaziergänger noch viele andere Menschen jenseits des Cottage anzogen. Für das „Café und Restaurant im Türkenschanzpark" war 1955 endgültig Schluss. Seine beste Zeit war da schon lange vorher vorbei. Die hatte das Lokal nach der Jahrhundertwende. Deutlich länger hat sich das Hotel-Restaurant „Zum Türken" gehalten, der „Türkenwirt", auch eher am Rande des Cottage statt mittendrin, in der Peter-Jordan-Straße 76. Dort war 2016 Schluss mit lustig und bierselig.

Wenn man sich vor den Haustüren der Häuser traf, dann war Bewegung im Spiel. Beim Spazierengehen sowieso. Aber das Zusammensein fand bald eine neue, ganz modische und noch dazu sportliche Form: das Radfahren. Ende des 19. Jahrhunderts hatte Schnitzler schon sehnsüchtig in einem Brief an seinen Freund Hugo von Hofmannsthal geschrieben: „Wann kommen Sie wieder? Werden wir zusammen radeln?" Schnitzler konnte es kaum erwarten, bald wieder auf seinem „Bicycle" zu sitzen. Das war schon Jahre bevor er ins Cottage gezogen war. Das Rad war die perfekte Möglichkeit, seine eigene Bewegung zu beschleunigen und noch dazu zu individualisieren. Aus Spaziergängern wurden Spazierfahrer auf dem „Velocipede", wie man das Rad noch nannte. Handelte es sich anfangs um eine rein männliche Domäne, waren bald auch Frauen mit von der Partie. Auf den Sätteln, den Straßen und in den Radsportvereinen. Wie auch jenem, der im Clubhaus des Cottage Eislaufvereins später sein Hauptquartier hatte. Das Gebäude wurde 1893 errichtet, just dem Jahr, in dem Arthur Schnitzler das Wort „Bicycle“ zum ersten Mal in seinem Tagebuch notierte. Damals war er 31 Jahre alt. Und Schnitzler war als Early Adopter, wie man im Marketingsprech von heute sagen würde, gleich ganz vorne im Pulk der Mode, die da auf Wien zurollte. Ein Freizeitvergnügen für die Reichen war es anfangs natürlich. In London hatte sich Schnitzler sogar ein neues Rad bestellt. Er war auch Mitglied in einem Radclub. Schnitzlers Freunde wie Felix Salten begleiteten ihn gerne auf seinen Radausflügen. Und wer noch nicht „Bicycle“ fuhr, den wollte er dazu „missionieren“, etwa seinen Freund Richard Beer-Hofmann, wie Briefe an ihn zeigen.

Ein Parkett aus Eis

Doch außer dem Sattel des Fahrrads hatte der Sport noch einen Fixplatz im Cottage. Einen, auf dem man sich bewegte: Es war der Cottage Eislaufplatz. Der Ort, der zum perfekten Parkett für den gesellschaftlichen Auftritt werden sollte. Für viele Besucher hatte er sogar noch eine andere Funktion: einen Partner oder eine Partnerin zu finden. Denn in diesen Endlosschleifen, in denen die Menschen so übers Natureis „schleiften“, wie man sagte, blieb genug Zeit zur Begutachtung, aber auch zur Selbstpräsentation. Als inoffizieller „Heiratsmarkt“ war der Eislaufplatz im Cottage jedenfalls bald verschrien. Und die Menschen folgten nicht nur diesem Ruf. Der Sog des Ortes war ein doppelter: Eislaufen war gerade so modern und schick wie nie zuvor. Beobachten von Menschen war in der Menschheitsgeschichte sowieso nie richtig aus der Mode gekommen. In der Innenstadt spazierte alles, was reich und schön war (oder sich dafür

Der Eislaufplatz im Cottage-Viertel war viele Jahre ein beliebter sozialer Treffpunkt.

hielt) beim Ringstraßenkorso mit, Ende des 19. Jahrhunderts. Flanieren, um anderen beim Flanieren zuzuschauen. Im Cottage „schleifte" man am Eis, um anderen beim „Eis schleifen" zuzuschauen. Der Schauplatz dafür, der entstand erst ungefähr 20 Jahre nach der Gründung des Wiener Cottage Vereins.

Zwischen Gymnasiumstraße, Cottagegasse sowie Hasenauerstraße und Felix-Mottl-Straße fand man das passende Grundstück. Nach den ersten 150 Menschen, die sich finanziell beteiligen und auch einen passenden Verein gründen wollten, musste man nicht lange suchen. 1893 war er geboren: der Cottage Eislaufverein. Im Winter war das Eis das Parkett, im Sommer war es der Rasen. Denn auch „Lawn Tennis", neben dem Radsport, war eine Sektion des Vereins. Eine Sportart, so neu und letzter Schrei, dass noch gar keine Zeit geblieben war, sie ordentlich einzudeutschen.

Der Eislaufplatz – und auch die Tennisplätze im Sommer – gerieten zum sozialen Treffpunkt und zentralen Kommunikationsort des Cottage. Das ist nicht nur so beiläufig geschehen, das wurde auch durchaus so angelegt. Allein das Vereinshaus sollte räumlich der Begegnung, dem Austausch und obendrein verschiedenen Veranstaltungen dienen. Finanziert wurde der Bau von den Vereinsmitgliedern. Budget für eine Kegelbahn musste auch dabei sein. Mit dem Gebäude bekamen nicht nur der Eislaufverein sowie seine Tennis- und Radfahrsektion ein Zuhause, sondern auch die soziale Interaktion. Denn die inhaltlichen Agenden des Cottage-Casinos in der Weimarer Straße 50 waren nach dem Tod von Heinrich Ferstel größtenteils heimatlos. Auf den Zeichentischen der Cottage-Baukanzlei entstand also wieder ein Gebäude mit dezidiert sozialer Funktion. Und beiläufig mit ästhetischer natürlich auch: Sonst hätte man dem Haus wahrscheinlich kein sechseckiges Uhrtürmchen aufgesetzt. Im ersten Stock war jedenfalls von Anfang an eine „Restauration" eingeplant. „Zum Eisbären" hieß das Gasthaus, dessen Wirt auch gleich im selben Gebäude wohnen sollte. Zur Beschallung der Eisfläche fand auf einer Terrasse eine Musikkapelle Platz aufzuspielen. An einem Stahlmast wurde eine Fahne hochgezogen, wenn der Eislaufplatz geöffnet hatte. Technisch hatte man die Anlage nach neuestem Stand ausgerüstet: Drinnen war das Haus beheizt, während die Lauffläche draußen zu natürlichem Eis gefror. Schon zwei Jahre nach der Eröffnung war der Platz des Cottage Eislaufvereins zu einem der wichtigsten der ganzen Stadt geworden. Ebenso zu einer Eventlocation: Für seine Feste war der Eislaufplatz legendär. Vor allem das jährliche Kostümfest war ein Magnet. Auch Arthur Schnitzler war nachweislich dort, mit seinem jungen Sohn Heinrich. Am 30. Jänner 1912 hatte er in sein Tagebuch geschrieben: „In den Cottage-Eislaufverein. Dem Fest zugesehn. Heini als Bajazzo." Schon am ersten „Costume Corso" des „CEV" am 25. Jänner 1894 sollen mehr als 400 Personen teilgenommen haben.

Im Cottage Eislaufverein gab es auch eine Sektion für Radsport sowie „Lawn-Tennis".

Begonnen hatte der Eislaufplatz im Cottage als Natureisbahn. Ab 1912 wurde eine Kunsteisbahn in Betrieb genommen, die 2.400 Quadratmeter groß war. Sogar einen „Star" hatte der Cottage Eislaufverein hervorgebracht, Fritz Kachler hieß er, von 1911 bis 1925 war er nicht nur auf dem Cottage Eislaufplatz unterwegs, sondern auch an der Weltspitze. Nach dem Ersten Weltkrieg schmolz dagegen einiges davon: Das Renommee und die finanziellen Möglichkeiten. Denn die allgemeine Not brachte auch den Eislaufverein in verschiedenste Zwangslagen. Selbst die Rohrleitungen für die Kunsteisanlage mussten verkauft werden Danach war die Anlage wieder ein Natureislaufplatz. Aber ähnlich aufblühen wie in den Jahrzehnten vor dem Krieg sollte der Platz und der Verein nie mehr. 1938 wurde der Verein aufgelöst und die Liegenschaft beschlagnahmt.

Exkurs 6:

HADEP: Die Cottage-Clique vom Eislaufplatz

Von Anfang an stand auf dem Eislaufplatz und in seinem Vereinshaus nicht nur der Sport auf der Agenda. Jedwede soziale Interaktion sollte hier reichlich Freifläche haben. Insbesondere all das interaktive Geplänkel, bei dem aus einer etwaigen Blickbeziehung eine soziale wird. Denn Liebesgeschichten und Heiratssachen, auch das wurde hier ausverhandelt auf dem Eis. Zunächst in Form gleitender Bewegungsmuster, auf die dann ganz an-

Auguste Gebauer war in den Jahren 1896 und 1897 mit ihrer Clique in der Hasenauerstraße und auf dem Eislaufplatz unterwegs.

dere Verhaltensmuster folgen sollten. Phase eins war jedenfalls: Auf dem Eis schleifen und sich dabei beobachten lassen. Und wie gerne die anderen das Treiben beobachteten, beweist ein besonderes Fundstück. Viele Jahrzehnte hat es unbeachtet in einem Karton verbracht. Bis es schließlich entdeckt wurde, von der Familie des Enkels der ehemaligen Besitzerin. Es ist ein Büchlein mit selbstgereimten und handgeschriebenen Gedichten samt Illustrationen, verfasst wurde es in den Jahren 1896 und 1897. Es stammt aus dem Nachlass einer ehemaligen Cottage-Bewohnerin, die ihre Jugend gegen Ende des 19. Jahrhunderts nicht nur im Cottage verbrachte, sondern davon auch viele Stunden auf dem Eis. Oder auf dem Rasen beim Lawn Tennis, der im Sommer die lange Lücke bis zur nächsten Saison überbrückte.

Auf dem Eis „schleifen" hieß für die damals 17-jährige Auguste Gebauer: schauen, beobachten und gegebenenfalls auch „ausstallieren". Ganz typische Formen, die Zeit zu verbringen bei Jugendlichen des ausgehenden 19. Jahrhunderts eben. Gebauer wohnte im Haus gleich neben dem Eislaufplatz, in der Hasenauerstraße 6, die früher die Parkstraße 4 war. Sie war Teil einer Cottage-Clique, die sich selbst „HADEP" nannte, ein Akronym wahrscheinlich, in dem Auguste offensichtlich das A war. Anscheinend haben sich die Freunde von HADEP abwechselnd ins Büchlein hineingeschrieben und gezeichnet. In 21 Kapiteln lassen sie damit eine Zeit und ihre sozialen Treffpunkte lebendig werden. Dabei dreht es sich vor allem darum, wie andere sich drehen und sonst so gebärden – beim Eislaufen. Aber auch beim Lawn Tennis. Oder sogar beim Radfahren, beim dem die Autoren etwa im Gedicht „Radl Madl" eine Dame beobachten, die sich nicht allzu geschickt anstellt. Auf dem Eislaufplatz war jedenfalls stets eine Disziplin angesagt: das Schaulaufen. Schauen, was die anderen so tun. Und womöglich sogar selbst dabei gesehen zu werden. Kleider, Haltung, Attitüde, Beziehungsanbahnung – es gab genügend Stoff, mit dem man nach so einem Wochenende auf dem Eislaufplatz heimging, um sich dann ein paar Reime darauf zu machen:

Wenn man im Cottage geht aufs Eis
Von jedem Menschen man was weiß.
Weiß aus Erfahrung man was nicht
So hört man es durch das Gerücht.
Da geh'n Gerücht hier herum
Die manchmal doch schon gar zu dumm.
Zum Beispiel: Dass die eine Braut
Und dass ne and're „den" anschaut
Und dass „der" ist in „die" verliebt
Und was es noch für Themen giebt.

Die Cottage-Clique HADEP schaute ganz genau hin, auf die Menschen und ihr Verhalten, wie die locker dahingereimten Textchen beweisen. Diese erzählen von modischen Eskapaden genauso wie vom seltsamen Gebaren eisläuferischer Selbstdarsteller. Davon wie Männer posieren und welche Figur, nicht nur eisläuferisch, sie dabei machen. Wie sich Pärchen amüsieren und wer sich in wen verliebt. Auch über das Äußere lässt man sich in lockeren Reimen fröhlich aus. Wie etwa einmal über einen Mann „mit krummen Bein und dummen Gesicht, wie man ihn auf dem Bild hier sicht". Oder davon, wie jemandem die Hose beim Lawn Tennis so lange spannt, bis sie platzt.

Wer kennt nicht den schönen braven L.
Mit seinem rundlichen vollen Gestell.
Am Tennisplatz kann man ihn sehen
Mit kurzen, knappen Hosen gehen.
Und wenn er mit dem Fuß auskratzt
Glaubt man, dass ihm die Hose platzt.

Die Mitglieder der HADEP-Clique machten schon im Vorwort keinen Hehl daraus, dass man sich in den Gedichten des Büchleins vor allem Tratsch und Klatsch erwarten dürfe:

Wir sind fünf an der Zahl
Drei sind schmal
Zwei sind dicklich
Nur soviel als es schicklich.
Den Inhalt vom Büchlein
Kennen nur wir allein.
Immer ist „Cottage Tratsch"
Was mancher liest für Klatsch!
Über alle Leut geht's her
Ist's eine Dame oder Herr
Wir thun es hier kund
Daß wir schlossen einen Bund
Den Bund der Freundschaft
Der uns viel Freud schafft.
Was man im Cottage spricht
Über eine Liebesgschicht.
Kaum wissen wir davon
Ist's auch geschrieben schon.
Doch nun genug davon!
Das Buch ist unser Lohn
Nach schweren Wochentagen
wird's Samstags aufgeschlagen!

Bild zu nebenstehendem Gedichte.

Eis-Saison 97/98 hat er plötzlich einen Vollbart bekommen.

Die Jugendlichen warteten die ganze Woche, bis der Eislaufplatz am Samstag wieder die Fahne hochzog, um zu zeigen: geöffnet. Schon war sie dort die Cottage-Clique. Der Eislaufplatz war ihr Revier. Dort konnte schon ziemlicher Trubel herrschen. Vor allem auch zum Kostümfest. Und HADEP führte Buch über die Beobachtungen. Gut versteckt in einer Kiste haben sich die Eindrücke und Momentaufnahmen bis heute konserviert. Zufällig hatte der Enkel vom A von HADEP, Wolfgang List, das Büchlein gemeinsam mit seiner Familie entdeckt. Als man die Wohnung, in der Auguste Gebauer zuletzt gewohnt hatte, ausräumte und gerade dabei war, säckeweise Papier aus der Wohnung zu schaffen. Bei dieser Gelegenheit war List auch auf Skizzen gestoßen, die mit demselben Nachnamen signiert waren: Wilhelm List, ein Maler der Secession. Dieser wiederum war der Bruder von Theodor List, den Auguste Gebauer geheiratet hatte. Und in derselben Kiste schließlich fand sich auch das HADEP-Büchlein, das ein charmantes Fenster öffnet in eine Zeit, in der es für Cottage-Jugendliche das Schönste war, übers Eis zu schleifen. Ein ganz normaler Sonntag könnte ungefähr so gelaufen sein damals:

An einem Sonntag Vormittag
Das Cottage ganz im Schnee da lag.
Da machte sich in schnellem Lauf
Der Hadep nach dem Eisplatz auf.
Natürlich war auch dorten schon
Frau Wolfrum, diese Hauptperson.
Die hielt uns plötzlich alle an
Und zerrt nen jungen Mann heran.
Und sagt, sie möcht bekannt uns machen.
Wir mußten alle schrecklich lachen.
Er hat aber absolut keine Manieren
Und sagte ganz ohne sich zu genieren,

Er werde sich dann schon bequemen
Die eine um die and're vorzunehmen.
Wir waren darüber sehr empört
Und uns're Ruhe war zerstört.
Denn „vorzunehmen" ist dort kein Wort
Das man gebraucht beim Eislaufsport.

Wolfgang List hatte es als Kind in den letzten Tagen des Zweiten Weltkriegs schon nach Tirol verschlagen, nach Jenbach, wo er heute noch in einem gemeinsamen Haus mit seiner Frau, seiner Tochter und seinem Schwiegersohn Otto Dämon lebt. Genau dieser engagierte sich besonders dabei, all das zu sichten und zu ordnen, was man in der Wohnung von Auguste Gebauer im dritten Bezirk gefunden hatte. Oder auch dabei, Zusammenhänge, Verbindungen und Familienlinien herzustellen. So verfolgte er schließlich auch die Spur von Auguste Gebauer zurück ins Cottage, zurück an ihre Adresse, der Hasenauerstraße 6, die früher die Parkstraße 4 war. Das Haus, in dem Auguste Gebauer aufwuchs und ihre Jugend verbrachte, stand schon längst, als der Eislaufplatz gebaut wurde. Im Jahr 1890 hatte die Parzelle ihr Vater Otto Gebauer gekauft. Er war „Generaldirectionsrath der k. u. k. österreichischen Staatsbahnen" und holte sich wahrscheinlich auch deshalb einen Architekten aus dem Eisenbahnumfeld: Joseph Unger, der für die Nordwestbahn alle möglichen Bauten entlang der Schienen realisierte, vor allem Wohnhäuser für Bahnarbeiter. Für Otto Gebauer stellte Unger eine Villa hin, die in Sichtziegel ausgeführt war und bei der ein Türmchen über die Gegend schaute, wo ein paar Jahre später die Menschen übers Eis schleifen sollten.

Samstags jedenfalls dürfte Auguste nicht viel zu Hause gewesen sein. Sondern drüben, im Wohnzimmer im Freien, am Eislaufplatz. Die Clique traf sich dort. Man verabredete sich dort. Auch per Ansichtskarte.

Die Leute reden drüber schon
Und lachen über sie voll Hohn.
Gar viel hat sie noch aufgeführt,
doch dieses zu viel Zeit verliert.
Drum schließ ich jetzt und sage nur:
„Nicht „er" „ihr", macht „sie" „ihm" die Cour.
Tilla
Fritz

Otto Dämon, der Schwiegersohn von Wolfgang List, hatte im Nachlass von Auguste nicht nur das Skizzen-Gedicht-Büchlein gefunden, sondern vor allem auch ein anderes Konvolut: Ansichtskarten und noch mehr Ansichtskarten. Diese hatte Auguste ganz offensichtlich gesammelt. „Auf vielen steht auch geschrieben: Für deine Sammlung", erzählt Otto Dämon. Andere schickte man aus, als wären es die WhatsApp-Nachrichten von damals gewesen. „Es funktionierte tatsächlich fast wie ein Kurznachrichtendienst", meint Dämon. Man verabredete sich am Nachmittag am Eis per Postkarte. Oder man kündigte sich für den nächsten Tag an: „Ich komme morgen zum Mittagessen." Das konnte auch nur klappen, weil die Post mehrmals am Tag damals ausgetragen wurde. In der Wohnung, in der Auguste später wohnte, stapelten sich Kisten mit Ansichtskarten. Fast so als hätte man den gesamten WhatsApp-Nachrichtenverkehr einer Jugend auf Postkarten gedruckt. Viele der Karten sind mit HADEP unterschrieben, wobei oft einer der Buchstaben unterstrichen war, als Zeichen für den jeweiligen Absender. Otto Dämon wühlte sich akribisch durch das Konvolut: „Es waren auch zum Teil ganze Serien darunter, bei denen jeweils nur ein Wort auf eine Karte geschrieben war", erzählt er. Manche Karten waren auch handbemalt. In der Sammlung fand Dämon eine Reihe von Erich Gschöpf. „Er war entweder ein enger Freund von Auguste, vielleicht das E in HADEP. Oder ein Verehrer." Jedenfalls war er auch im Cottage beschäftigt und plante das neue Maschinenhaus, als 1912 der Eislaufplatz zur Kunsteisbahn wurde. Doch zu diesem Zeitpunkt war Auguste schon längst mit ihrem Ehemann Theodor List aus dem Cottage weggezogen. Genügend Runden war sie trotzdem auf dem Eis geschliffen, wie das HADEP-Büchlein dokumentiert. Und genügend Eindrücke von etwa modischen Details des ausgehenden 19. Jahrhunderts hatte sie dabei auch gesammelt. Wie ein Text zeigt, der sich über drei Damen auslässt, die scheinbar ständig von der Mode eingeholt wurden:

An ihren Fenstern lauern sie wie Spinnen,
die holden, schönen Gloterzinnern.
Wenn noch so leise man vorüber geht,
die eine wenigstens am Fenster steht.
Doch meistens stehn sie alle drei
am Fenster, wenn man geht vorbei.
An der Gestalt erkennt man sie
Und an der holden Harmonie
Mit der sich die drei Grazien kleiden.
Kein Band, kein Faden darf sie unterscheiden.
Die Winterjacken haben sie erhalten
Wie doch die Moden freundlich walten –
Als Schinkenärmel Mode waren
Das war vor ungefähr vier Jahren.
Und heuer, ach wie hörn sie's gern
Sind Schinkenärmel hoch modern.
Die Jacken, wie man glauben mag
Sind nun modern mit einem Schlag.
Doch etwas fehlet noch davon,
Was man ganz leicht ja ändern kann
Die Jacken reichen ihnen an die Knie
Doch ändern würden sie sie nie,
Denn alles das, was fesch und elegant
Das ist von ihrem Leib verbannt.
Sie ziehen an nur solche Sachen
Worüber andre Leute lachen.

Danke

Die erste Verbeugung gebührt dem Wiener Cottage Verein selbst: Im Jahr 2022 feierte er sein 150. Jubiläum. Und auch Wien darf den Verein ruhig ein wenig hochleben lassen. Schließlich macht er die Stadt um ein Stadtviertel reicher, das vielen Wienerinnen und Wienern vor allem als hübsche Gegend mit besonders vielen hübschen Häusern geläufig ist. Das ist das Cottage-Viertel natürlich auch. Aber es ist viel mehr als das: Es ist das Beispiel dafür, was Engagement und Eigeninitiative für die Stadt leisten können. Vor allem für die Lebensqualität. Ich möchte mich gerne bei allen bedanken, die mir die Zusammenhänge, die sich da über ein Stadtgebiet spannen, das für viele nicht mehr als ein adrettes Villenviertel ist, aufgezeigt haben. Danke an alle, die mit mir durchs Viertel spaziert sind, auf den Bankerln im Türkenschanzpark gesessen, mir die Türen zu ihren Villen aufgemacht haben. Von den ersten Gesprächen mit Vertretern des Wiener Cottage Vereins bis zur Fertigstellung des Manuskripts waren mir etliche Menschen Wegweiser in die entscheidenden Richtungen bei der Recherche, Stichwortgeber und geduldige Auskunftspersonen.

Vor allem möchte ich mich bedanken bei Thomas Feiger, dem Präsident des Wiener Cottage Vereins für den Vertrauensvorschuss in meine journalistische Arbeit, bei Erich Stöger, dem Vizepräsidenten und Kassier des Vereins, der mir seine beinahe enzyklopädischen Recherchen zur Geschichte und Entwicklung des Vereins zur Verfügung gestellt hat. Ebenso ein großes Danke an Herrn Michael Stergar vom Wiener Cottage Verein, der mir einige Kontakte zu interessanten

Ansprechpartnern gelegt hat. Sowie an Daniel Reischer, der für mich den Erstkontakt zum Verein herstellte.

Viele Menschen, die im Cottage-Viertel leben, haben ihre Lebensgeschichten und die Geschichten der Häuser, in denen sie wohnen, mit mir geteilt. Vielen Dank dafür vor allem an Matthias Peschke, Peter Schmidt, Homa Jordis, Harald Braun und Gerhard Foerster, dem noch ein Extradank gebührt dafür, dass er sich die Mühe machte, den in Kurrentschrift verfassten Text aus dem HADEP-Büchlein für mich zu transkribieren. In diesem Zusammenhang auch ein herzliches Dankeschön an die Familie von Wolfgang List aus Jenbach in Tirol, insbesondere Otto Dämon. Dafür, dass ich mich auch mit dem spannenden Zeitdokument aus dem Nachlass der Auguste Gebauer beschäftigen durfte. Auch vielen Experten und Expertinnen möchte ich Danke sagen dafür, dass sie mir geholfen haben, die Geschichte des Cottage-Viertels und vieler seiner Bewohner richtig einzuordnen. Darunter vor allem auch Martha Keil vom Institut für jüdische Geschichte Österreichs und dem Gartenhistoriker Christian Hlavac. Sowie natürlich dem Astrophysiker Franz Kerschbaum, der mir so lebendig die Geschichte der Wiener Universitätssternwarte dargelegt hat.

Doch das alles hätte sich nicht zu Wörtern, Sätzen und Texten gefügt, wenn mich Peymane und Lori nicht so sehr unterstützt hätten. Einfach auch dadurch, dass sie meinen Gedanken an manchen Winterwochenenden den Platz gelassen haben, sich zu entwickeln.

Abel, Lothar: Das kleine Haus mit Garten. Praktische Winke von kleinen Landhäusern, Villeggiaturen und Cottages in Verbindung mit Gartenanlagen. Als Lösung der modernen Wohnungsfrage. Wien, 1893.

Arnbom, Marie-Theres: Friedmann, Gutmann, Lieben, Mandl und Strakosch. Fünf Familienporträts aus Wien vor 1938. Wien, 2003.

Atze, Marcel; Gausterer, Tanja: Im Schatten von Bambi. Felix Salten entdeckt die Wiener Moderne. Wien, 2020.

Bobek, Hans; Lichtenberger, Elisabeth: Wien – Bauliche Gestaltung seit der Mitte des 19. Jahrhunderts. Köln, 1978.

Brunnbauer, Heidi: Im Cottage von Währing/Döbling. Interessante Häuser – interessante Menschen I. Wien, 2003.

Brunnbauer, Heidi: Im Cottage von Währing/Döbling. Interessante Häuser – interessante Menschen II. Wien, 2006.

Brunnbauer, Heidi: Im Cottage von Währing/Döbling. Interessante Häuser – interessante Menschen III. Wien, 2009.

Brunner, Karl; Schneider, Petra: Umwelt Stadt. Geschichte des Natur- und Lebensraumes Wien. Wien/Köln/Weimar, 2005.

Ceccarell, P. E.: Die erste Wiener Cottage-Anlage. In: Wiener Bauindustrie-Zeitung, 1. Jg., Heft 3, 1883, S. 38 f.

Czeike, Felix: Landpartien und Sommeraufenthalte. In: Wiener Geschichtsblätter 43, 1988, S. 150 f.

Eigler, Robert: Währing. 150 Jahre Siedlungs- und Bautätigkeit 1840–1990. Ein Beitrag zum Jubiläum „100 Jahre Währing bei Wien". Kulturverein Initiative Währing. Wien, 1991.

Ellenbogen, A. M.: Das Wiener Cottage. Ein Wohnkonzept in Idee, Planung und Realisierung 1860–1918. Wien, 1989.

Fenzl, Karl: Ein Landschaftsbild des 18. Bezirkes. Die Landschaft und ihre Grundlage. In: Währing. Ein Heimatbuch des 18. Wiener Gemeindebezirkes. Wien, 1923.

Ferstel, Heinrich v.; Eitelberger, Rudolf v.: Das bürgerliche Wohnhaus und das Wiener Zinshaus. Ein Vorschlag aus Anlaß der Erweiterung der innern Stadt Wien's. Wien, 1860.

Förster, Wolfgang: 2000 Jahre Wohnen in Wien. Vom keltischen Oppidum bis zum Wohnquartier der Zukunft. Wohnen als Sozialgeschichte. Berlin, 2020.

Göttche, Astrid: Wiener Villengärten zwischen Historismus und Moderne. Eine Untersuchung anhand ausgewählter Beispiele. Wien, 2008.

Hlavac, Christian: Der Wiener Türkenschanzpark – Ein riesiges grünes Eiland inmitten eines Wiener Villenviertels. In: Die Gartenkunst. Heft 2, 2013.

Hölder, Alfred: Die Familienhäuser-Anlage des Wiener Cottage-Vereins in Währing-Döbling. Wien, 1894.

Karsten, Arne: Der Untergang der Welt von gestern. Wien und die k.u.k. Monarchie 1911–1919. München, 2019.

Klusacek, Christine; Stimmer, Kurt: Währing vom Ganserlberg zum Schafberg. Wien, 1989.

Kortz, Paul: Wien am Anfang des 20. Jahrhunderts. Ein Führer in technischer und künstlerischer Richtung. In: Zeitschrift des Österreichischen Ingenieur- und Architekten-Vereins. Wien, 1906.

Kos, Wolfgang (Hg.): Die Eroberung der Landschaft: Semmering, Rax, Schneeberg. Katalog zur Niederösterreichischen Landesausstellung Schloss Gloggnitz. Wien, 1992.

Lux, Joseph August: Das moderne Landhaus. Ein Beitrag zur neuen Baukunst. Wien, 1903.

Müller, Hermann: Das Wiener Cottageviertel, seine Entstehung und Entwicklung. In: Zeitschrift des Österreichischen Ingenieur- und Architekten-Vereins. Wien, 1906, S. 75–77.

Muthesius, Hermann: Landhaus und Garten. Beispiele neuzeitlicher Landhäuser nebst Grundrissen, Innenräumen und Gärten. München, 1907.

Nezval, Bettina: Villen der Kaiserzeit. Sommerresidenzen in Baden. Wien, 1993.

Öhlinger, Walter: Wien im Aufbruch zur Moderne. Wien, 1999.

Pohanka, Christoph-Michael: Max von Ferstel – Die Villa Schoeller in Wien. Wien, 2010.

Prokop, Ursula: Zum jüdischen Erbe in der Wiener Architektur. Der Beitrag jüdischer Architektinnen am Wiener Baugeschehen 1868–1938. Wien, 2016.

Protze, Käthe: Über „Das bürgerliche Wohnhaus und das Wiener Zinshaus" von Heinrich Ferstel und Rudolf Eitelberger. Auf nextroom.at, abgerufen am 14.10.2021.

Rosenberger, Werner: Im Cottage. Wiens erste Adressen und ihre berühmten Bewohner. Wien, 2014.

Sartori, Volker: Biographie Dr. Franz Josef Messner. Elmshorn, 2003.

Seebacher, Marion: Die Villenarchitektur Franz Baumgartners 1876–1946. Der historische Bezug – die Einflüsse. Wien, 2013.

BILDQUELLEN:

Umschlagbilder:

Titelbild: Sammlung Wiener Cottageverein;
Karte Klappe vorne: openstreetmap.org | © OpenStreetMap-Mitwirkende (CC BY 3.0 AT);
Bildleiste Rückseite: (1) Wienmuseum Online Sammlung, (2) Sammlung Wiener Cottageverein, (3) Norbert Philipp;
Klappe hinten: Wikimedia Commons (Public Domain);
Vordere Klappe innen: Sammlung Wiener Cottageverein
Hintere Klappe innen: Peter Schmidt

Restliche Bilder:

Wienmuseum Online Sammlung: S. 18, 19, 27, 28, 69, 76, 80, 84, 90, 98, 107, 108, 110, 112, 195
Österreichische Nationalbibliothek (AKON): S. 96, 97 , 113, 126
Wikimedia Commons (Public Domain): S. 36/37, 86, 87, 103, 142, 166
Sammlung Wiener Cottageverein: S. 43, 44, 58, 116, 122, 127, 133, 138, 139, 145, 187, 198, 202, 173, 206
Sammlung Thomas Hofmann: S. 100, 104, 114, 168
Norbert Philipp: S. 53, 59, 64, 123, 141, 157, 160/ 161, 164 (2), 184, 190
Peter Schmidt: S. 150, 153, 155
Sammlung Otto Dämon: S. 209
HADEP: S. 213, 216

Bibliografische Information der Deutschen Nationalbibliothek

Die Deutsche Nationalbibliothek verzeichnet diese Publikation in der Deutschen Nationalbibliografie; detaillierte bibliografische Daten sind im Internet über http://dnb.d-nb.de abrufbar.

Alle Rechte, insbesondere das Recht der Vervielfältigung und Verbreitung sowie der Übersetzung, vorbehalten. Kein Teil des Werkes darf in irgendeiner Form (durch Fotokopie, Mikrofilm oder ein anderes Verfahren) ohne schriftliche Genehmigung des Verlages reproduziert oder unter Verwendung elektronischer Systeme gespeichert, verarbeitet, vervielfältigt oder verbreitet werden.

1. Auflage 2022
© 2022 by Braumüller GmbH
Servitengasse 5, A-1090 Wien
www.braumueller.at

Druck und Bindung: EuroPB, Dělostřelecká 344, CZ 261 01 Příbram

ISBN 978-3-99100-349-6